普通的家庭
普通的家长
该怎样让普通的孩子
拥有立足于世的资本

韩素静 著

陪伴，是最好的教育

大象出版社·郑州
中原出版传媒集团
中原传媒股份有限公司

图书在版编目（CIP）数据

陪伴，是最好的教育 / 韩素静著 .— 郑州：大象
出版社，2017. 11（2018. 12 重印）
ISBN 978-7-5347-9452-0

Ⅰ.①陪… Ⅱ.①韩… Ⅲ.①家庭教育 Ⅳ.①G78

中国版本图书馆 CIP 数据核字（2017）第 163401 号

陪伴，是最好的教育

PEIBAN,SHI ZUI HAO DE JIAOYU

韩素静　著

出 版 人	王刘纯
责任编辑	梁金蓝
封面设计	王莉娟
版式设计	王　敏
责任校对	张迎娟

出版发行	大象出版社（郑州市开元路 16 号　邮政编码 450044）
	发行科　0371-63863551　总编室　0371-65597936
网　　址	www.daxiang.cn
印　　刷	北京汇林印务有限公司
经　　销	各地新华书店经销
开　　本	787mm×1092mm　1/16
印　　张	12.5
字　　数	136 千字
版　　次	2017 年 11 月第 1 版　2018 年 12 月第 6 次印刷
定　　价	29.00 元

若发现印、装质量问题，影响阅读，请与承印厂联系调换。
印厂地址　北京市大兴区黄村镇南六环磁各庄立交桥南 200 米（中轴路东侧）
邮政编码 102600　　　　电话 010-61264834

如何做父母也是门学问

张万祥

实事求是地说，我们的孩子绝大多数不是天才，更不是神童，不会成为奥数冠军，不会在学科竞赛中力拔头筹，不会成为高考状元，那么我们就应该思考，我们这样普普通通的家庭，我们这些普普通通的家长，应该怎样把自己普普通通的孩子培养成人？应该将他们培养成怎样的人？

我们看到，众多家长望子成龙、望女成凤的愿望空前高涨，忘记了"普普通通"，牢记"不让孩子输在起跑线上"。于是，孩子在腹中就开始接受胎教，学习外语、古诗词；孩子呱呱坠地，家长就开始带领孩子在学习征途上跑起了马拉松，给孩子报外语班，报奥数班，报钢琴班……孩子的童年缺少了快乐的因子，总是沉甸甸的；孩子走进校门，父母更是"唯恐孩子输在起跑线上"，变本加厉地给孩子报课外辅导班、兴趣班、提高班……家长和孩子成天奔波着，煎熬着……我们应该静下心来思考，到底该进行怎样的家教？怎样的家教才是科学的、符合青少年成长规律的？

从家长的角度看，我认为家教不能只关注孩子学习成绩的优劣、分数的高低。对于小学生，尤其是学龄前的孩子，我们首要关注的应该是身体好，其次是心理好；有了这两好，一生就可以有立足于世的资本。

有比较强壮的身体，风吹一吹不会生病，雨打一打不会感冒，即使季节变化，也不会患病躺倒……为孩子打下身体好的基础至关重要，这是迎接一生风云变幻的前提条件。

有良好的心理素质，孩子心里充满阳光，有较强的抗压能力，这也是孩子健康、茁壮成长不可或缺的条件。我们要培养孩子在失败时不会垂头丧气、一蹶不振；在取得优异成绩时不会沾沾自喜、忘乎所以；热爱学习，对未知世界充满浓厚的兴趣；热爱读书，把读书作为生活常态……

那么，家长需要怎样做呢？我们或许可以从韩素静《陪伴，是最好的教育》这本饱蘸作者十八年心血写出的书里找到答案。

为了让这本书更好地发挥启发、引导的作用，我们首先了解一下作者。

作者韩素静是一位教师。她从孩子出生，就把孩子看作一个具体而丰富的人，给他讲故事，和他说话，春天带他看花开，夏天带他学戏水……最重要的，她带着孩子像认识一幅画、一首诗一样自然而然地走进文字的世界，给孩子打开一个认识世界的通道。稍大些，她为孩子营造了浓厚的读书环境，"家庭读书时""家庭读书日""专项购书费"应运而生，不得不说，正是家庭"读书场"的营造为鲁涵成为一个爱阅读的人打下了基础。除了阅读，她深谙鱼缸里长不出千斤大鱼、鸟笼里养不出展翅雄鹰的道理，于是，她决定把孩子带进生活深处，陪伴孩子参加各种各样的活动：骑自行车参加驴友团的长途跋涉、龙城广场卖唱募捐、徒步22公里迎接生日、去书店做义工……这些活动，给鲁涵的成长提供了一个更大的平台。当然，在养育孩子的过程中，她和孩子之间也发生过很多矛盾。面对矛盾，一般人只看到了负面作用，但在她那里，矛盾竟然促进了家庭建设。因为，解决矛盾的方式不只有惩罚，即使惩罚，惩罚的方式也可以是有趣的，是矛盾促使她思考，促使她成长……

作者韩素静是河南省名师、濮阳市名师，曾获得"河南省最具影响力教师""河南省最具成长力教师"等荣誉称号，是一个以从事语文教学为荣、以从事班主任工作为乐的人。长期的教育教学工作促使她进一步思考生命的真谛，思考教育的真正作用，她发表文章两百余篇，具有较高的写作水平。这样的作者、这样的家长写出来的书可信度高，借鉴力强。

再看本书的主人公——鲁涵。

看看鲁涵的自立：1岁，蹒跚学步，没让父母抱过；2岁，学会骑自行车，从此出行都是自己骑车；5岁，一天骑自行车18公里到市图书馆等地方；6岁，自己步行上学，没让父母接送过；11岁，参加兴趣班，从来不让家长接送；13岁，独自到医院探望住院的亲人……

看看鲁涵的课外兴趣：小学接触到电子琴，一接触就喜欢上了，先后学习了电子琴、葫芦丝、巴乌和吉他的演奏，取得电子琴七级、葫芦丝十级、吉他十级的证书，曾多次到不同单位的新年联欢会上进行表演。初中毕业那年，参加"星艺杯"河南省青少年吉他大赛，获得中学生组民谣吉他第一名。他还是个不折不扣的体育爱好者，喜欢多种体育运动，小学阶段曾坚持练习乒乓球，初中后开始涉足篮球和足球，自己组建了班级足球队，因为熟知竞赛规则，班级比赛时常客串裁判。

再着重看看鲁涵的读书情况：12岁暑假，读完了整套《明朝那些事儿》；13岁暑假，买来《明史》，开始学习；初中毕业那年的春季，当同学都忙于模拟试卷练习时，他还坚持阅读，那半年，他阅读了《朱元璋传》《苏东坡传》《李鸿章传》《张居正传》《第三帝国的兴亡》《大败局》《货币战争》等9本书；进入高中，他的阅读范围更宽泛，文学、哲学、经济、科技、历史、地理、体育等书籍都有涉猎。

鲁涵还是一个关注公益、关爱社会的"热心肠"。汶川地震，读小学的鲁涵捐出了那年的全部压岁钱——760元；舟曲泥石流灾害，他带着葫芦丝、吉他在濮阳市最热闹的龙城广场义演募捐，将募集到的善款交到红十字会；得知濮阳县胡状乡一名儿童罹患视网膜母细胞瘤，他又在校内组织募捐，并把募集到的3700多元送到患儿家中；2012年暑假，他曾到濮阳市华英书苑做了两周义工……

可以说，普普通通的鲁涵已经成长为一位德智体全面发展的优秀青年。2016年，鲁涵被中国人民大学录取，这也从另一个侧面证明这个家庭的教育是成功的。那么，鲁涵成长的秘诀在哪里？也许，这本书就能给我们答案！

这本书最大的特点是真实和朴实，完全是第一手素材。

我认为这是一本难得的好书，这是一本特殊的书。

看了这本饱蘸十八年心血写出的书，你会知道，原来，成长不仅是孩子的事情，成长也是家长一辈子才能完成的任务。

（作者系德育特级教师，享受国务院特殊津贴专家）

目录

一、宝贝，你可知道我有多爱你 …………………… 1
    一波三折的出生　　1
    所有的时间都用来带你感知世界　　2
    带你走进文字的世界　　4
    你的羽翼日渐丰满　　5

二、让书香成为家的味道 …………………………… 7
    用贴满字条的家迎接他　　8
    营造家庭读书场　　10
    专项购书费　　12
    把他带进历史深处　　13
    阅读帮他找到了人生方向　　17

三、放手，放大成长的格局 ……………………… 21

    放手，从蹒跚迈出第一步开始   22

    真正的放手，离不开尊重   24

    放手，就要提供独立机会   28

    放手，妈妈要学会适当示弱   29

四、让体验活动成为成长的"场" …………………… 32

    最小的"驴"   33

    龙城广场义演   34

    华英书苑做义工   37

    用脚丈量爱   41

    禁食一天记   44

五、当和孩子发生矛盾冲突时 ……………………… 48

    解决矛盾最好的方式也许是聆听   49

    惩戒，要讲究科学性   53

    惩罚，也可以是有趣的   56

    让矛盾促进家庭建设   57

    换个角度，矛盾也许便不再是矛盾   61

    如果父母错了   65

目 录

六、一波三折的音乐之路 ················ 68
  音乐老师的无心插柳 69
  不期而遇的"移情别恋" 70
  一见就"爱"上的吉他 72

七、成长日记——母子之间的一座桥 ·········· 75
  记录，起到引领和强化作用 76
  交流，促使个性得到发展 78
  成长，就这样不期而遇 79
  附录1 稚子稚语 81
  附录2 儿子的"远大理想" 83
  附录3 儿子第一次说"不" 84
  附录4 当郑州PK爸爸时 85
  附录5 错乱的角色 86

八、经济意识，在跌跌撞撞中培养 ··········· 88
  他买彩票了！ 88
  零花钱制度的前世今生 91
  他用他的方式节流开源 93
  是小气，还是大方？ 95

附录　足球鞋风波　96

九、当面对扑面而来的"爱情"时 …………… 101
10岁那年的快递活人　101
初中阶段的若有若无　105
高中生活的一波三折　106

十、成长，请带上这些信 …………………… 112
写给即将上高中的儿子　112
如果高中遇到"爱"　116
人，不需要太坚强　119
写在高三启程时　121
人生要学会做减法　123
为就业还是为梦想　125
十八岁，我对你说五句话　128
这一年，只为梦想　131
人生要学会说"不"　135
十年，你能坚持吗？　138
选择了，就义无反顾地走下去　142
让自己成为一个有光的人　144

目 录

  让我们追求各自的追求，忙碌各自的忙碌 148

十一、努力成为彼此的骄傲 ·················· 154
  让阅读润泽生命 155
  让生命因写作而丰盈 156
  以与你相匹配的速度成长 158

十二、高中，你这样度过 ·················· 164
  给爱一个正确的"出口" 164
  文理科的选择 168
  责任感就这样培养 169
  高二暑假，他这样度过 170
  满足，是我最大的法宝 172
  淡化，也许是最好的态度 175

后　记 ·················· 177
参考文献 ·················· 181

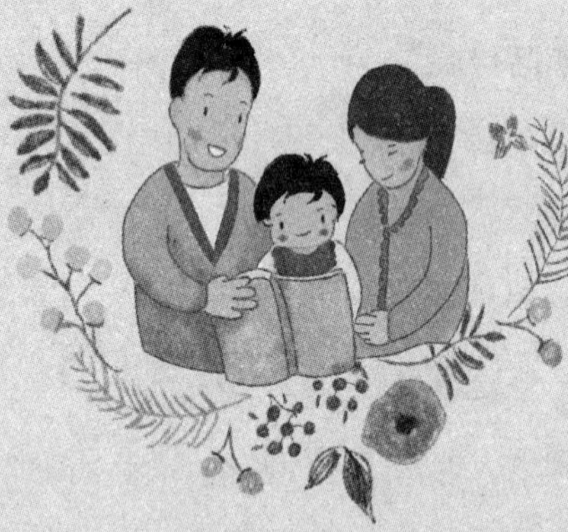

一、宝贝，你可知道我有多爱你

1997年8月28日，那个和我相伴九个半月的生命在河南省濮阳县人民医院"破门"而出。一晃，你已陪伴妈妈走过十八个春秋，走过六千多个日出日落……

一波三折的出生

1996年，妈妈结束了高校脱产进修学习，成为濮阳县一中一名语文教师，当时爸爸也在那里教书。年轻的我们在举办了简单的婚礼后，便踌躇满志地投入到新的生活之中。最初，我们没有期盼你的到来，我们也像众多年轻人一样，准备把全部的热情和精力投入到工作中，在工作上打开一个新局面。可没想到，你却在我们毫无准备的情况下悄然"驻扎"。得知你已存在，妈妈曾一度慌乱，一是因为工作方面的压力，二是感觉自己还未长大，自己还是个孩子的人怎么再去生养个孩子？

度过最初的挣扎后，妈妈便安心地、充满憧憬地期盼你的到来。那段时间，尽管工作很紧张，但妈妈依然按照早教书上的指导开始给你听音乐，给你说悄悄话。临生产时，奶奶一直认为妈妈至少能生两个，因为妈妈的肚子太大了，大得以至于让奶奶怀疑B超的检查结果。但没想到，你一出生就和大家开了一个玩笑：你太瘦小了，瘦小得只有5斤3两。看着那个皱巴巴、一哭就像个小老头的你，我一边叹服生命自然而然的传承，一边又为你的瘦小而担心。

尽管很瘦小，但好在你每月准能长3斤。有了每月3斤的"突飞猛进"，一年后，你在体重方面已和其他的孩子没有区别，这让妈妈在欣慰之余也减少了一点愧疚。3周岁内，你很少生病，偶尔拉肚子，只要服用点药，你马上就会好起来，这又让妈妈省去了很多精力和体力。

宝贝，回想起你一波三折的出生过程，我的内心充满了感激：感激上苍让我在犹豫不决后还是做出了留下你的决定，感激上苍赐予我一个健全而又健康的孩子……儿子，这是你的造化，更是我的福气。

所有的时间都用来带你感知世界

妈妈承认自己很笨拙，你长这么大，妈妈只为你织过一件毛背心。你出生后，妈妈本来也准备和所有妈妈一样一边照看你一边给你织毛衣。但很快我就发现，织毛衣不仅占据了我的手，更占据了我的注意力，导致我不能全心全意地陪伴你。于是，当毛衣织成毛背心的时候，妈妈果断地结束了工作——就让它成为一件背心好了，我要把所有的时间和精力都用来陪你。

你出生后的第三天，妈妈就开始在你眼前伸出一个手指头，悄悄告诉你：这是"手指"，这是"1"个手指。因为这，妈妈可没少挨奶奶批评，奶奶说妈妈"作精"，说你那么小，懂什么啊。但妈妈固执地相信每个孩子都是有灵性的，只要我说，你就能懂。

你出生时，我们住在一个仅靠煤球炉取暖的房间，冬天来了，我们只能把你"包"在床上。那半年，尽管你没出过房门，但妈妈努力打破墙的限制，对着你说了很多很多话，讲了很多很多故事。春天来了，妈妈抱着你走出小屋，让你"立体地"感受世界，一边陪你看树木、飞鸟、蓝天、白云，一边把它们介绍给你……那两年，家属院里的邻居都知道：只要妈妈抱着你，妈妈和你的对话就没有停止过。是啊，儿子刚来到这个五彩缤纷、气象万千的世界，妈妈有责任、有义务把这个纷繁复杂的世界介绍给你，妈妈怎能懈怠呢？

值得庆幸的是，那一年，我请了一年的产假陪伴你。感谢那一年的时光，让我在你生命的初始处，能全心全意地给你讲故事，对着你的眼睛说话，带领你认识这个多姿多彩的世界，锻炼你的各种能力。心理学家认为：儿童学习语言至少有一部分是通过观察和模仿获得的，父母在儿童咿呀学语时对他们微笑、抚摸并和他们交谈，会增加他们咿呀学语的欲望。这样说来，你10个月大时就能开口说话，不能说跟妈妈整日跟你聊天无关。

1岁生日的前两天，你蹒跚地迈出了第一步。自此，妈妈就基本没有抱过你。晚饭后散步，我和爸爸在前面慢慢地走，你在后面快快地跟。1岁多时，为锻炼你的精细动作，妈妈曾和你在光滑的地板上比赛捡黄豆、捡硬币。尽管最初的目的是锻炼你的精细动作，但后来才发现，这个做法更锻炼了你的注意力，因为比赛时你的全部注意力高度集中起来，并且还能持续那么长时间。为锻炼手脚协调能力，妈妈曾带你在光滑的地板上沿着地板砖缝爬直线，这也在不经意中锻炼了你的注意力。

上学后，你在课堂上能聚精会神地听讲，课后能认认真真、心无旁骛地写作业，这不能说与这些训练无关。2岁生日时，我们给你买来小自行车，从此，外出你再也不坐妈妈的自行车。5岁那年的暑假，你上午和妈妈骑车去了市图书馆，下午又和爸爸骑车去了市二高，一天下来，你骑车走了18公里。8岁半时，妈妈带你首次参加户外俱乐部，你骑着童车，一天走了40公里……就这样，儿子，一步步，你开始走进生活和世界的深处。

带你走进文字的世界

和很多孩子不同的是，你10个月就学会了说话，也学会了认字。学会说话，肯定和妈妈天天对着你说话有关。学会认字，肯定和我们迎接你的特殊方式有关。你出生前，家里所有用具都被爸爸贴上了字条，我们用一个贴有字条的家迎接你的到来，我们要让你在接触这些物品的同时也接触代表它们的文字。就这样，一出生，你就跌进一个文字的世界。

尽管很多人对提前识字有过质疑，但我还是固执地认为，让孩子像认识一个物品一样自然而然地认识方块字没有什么坏处，只是在不知不觉中给孩子提供了一个进一步认识世界的工具。

4岁多时，我们在市图书馆给你办理了借书证，自此，我们开始了一周一次的图书馆之旅。尽管图书馆的书有些陈旧，但你仍然看得乐此不疲。宝贝，那时你才上幼儿园中班啊！就这样，爸爸妈妈把你带进了一个文字的世界。

6岁生日时，我们结束了"租赁时代"，要搬进我们自己的房子里。但搬家时，面对那么多麻袋的书，我们一时犯了难。当时，爸爸已经不再教书，我们便商议把爸爸的一部分教科书扔掉。听我们说要扔掉一部分书，你竟然询问爸爸能否把高中生物课本送给你做生日礼物。儿子，我不知道，你这样的询问，是出于对书中图片的喜欢，还是你的生命深处已经萌发了对书的喜爱？……12岁暑假，你读完了《明朝那些事儿》，从此狂热地爱上了历史；13岁暑假，你买来《明史》开始阅读；初中毕业那年的春季，当同学都忙于准备中考时，你还坚持阅读，那半年，你阅读了《朱元璋传》《苏东坡传》《李鸿章传》《张居正传》《第三帝国的兴亡》《大败局》《货币战争》等9本书。进入高中，你的阅读范围更宽泛：文学、哲学、经济、科技、历史、地理、体育等方面的书籍均有涉猎。儿子，看着你沉浸在书中，你知道妈妈有多欣慰吗？妈妈坚信，爱读书的孩子应该会有一个光明的未来，即使差，也绝对不会差到哪里。事实证明，站在我身边的这个中国人民大学的高才生用他的言行和胸怀向我证明：妈妈的判断绝对正确。

你的羽翼日渐丰满

除了酷爱阅读，长大的你竟然还是爱好广泛、才艺出众的"文体男"。乐器方面，你相继喜欢过电子琴、葫芦丝、巴乌和吉他，并分别通过了电子琴七级、葫芦丝十级、吉他十级的考核，多次到不同单位的新年联欢会上义演。2012年暑假，即将上高中的你参加河南省青少年吉他大赛，获得中学生组民谣吉他第一名。体育方面，你热爱乒乓球、篮球和足球，高中阶段的体育课基本都交给了足球。在老师眼里，你的优点是热爱足球，缺点是太热爱足球，以至于影响到了学习。不仅自己热爱，你还组建了班级足球队，带动班里的男生一起热爱。我多次暗想，这个爱读书、会踢球、能演奏乐器的男孩儿，长大后会被多少女孩儿迷恋啊！

更让妈妈骄傲的是，儿子还是一个关注公益、关爱社会的小"暖男"。汶川地震时，读小学的你捐出了那年的全部压岁钱——760元；舟曲泥石流灾害，你带着葫芦丝、吉他在濮阳市最热闹的龙城广场义演募捐，将募集到的善款交到红十字会；得知濮阳县胡状乡一名儿童罹患视网膜母细胞瘤，你又在校内组织募捐，把募集到的3700多元送到患儿家中；2012年暑假，你到濮阳市华英书苑做义工，除了书店的工作，还主动承担华英讲坛端茶倒水的服务工作……

宝贝，你长这么大，妈妈似乎没有娇惯过你，没有给你织过一件毛衣，但你学会了自立！

儿子，你是我生命中最重要的一个人，是我生命中为之付出最多的一个人，是我生命中为我带来快乐和自豪最多的一个人……看着你拿着一纸通知书走向中国人民大学的背影，我暗自追问：我们上辈子修了多大的德，才换来今生彼此的相遇？才因对方的存在而让生命有了重大改变和价值？儿子，感谢上苍把你赐到了我身边，让我在众多孩子中遇到了你；感谢上苍，在众多妈妈中，让你遇到了妈妈，让你在妈妈的呵护下健康快乐地成长。未来的路还很长很长，你的脚步肯定会越来越快，但我想告诉你：我不仅是你的妈妈，更想做你的朋友，当我的脚步跟不上你的脚步时，等等我，好吗？

最后，祝愿儿子成为一个最快乐、最充实的男孩！

二、让书香成为家的味道

莫名地喜欢一句话："读书的女人连走路的姿势都是好看的。"尽管最初喜欢读书时还不知道这句话，但因为这句话，自己似乎更喜欢读书了。是的，有了书的浸润，读书的女人走路时都是轻盈的、律动的。多年前网购，首先学会的是购书，每当看到家中散乱躺着的书籍，总会想到冯骥才先生的《摸书》。是啊，处处有书陪伴、有书可抚摸的人，定是世界上最富有的人吧。

后来，当儿子这个小不点冒冒失失闯进我的生活后，我便决定把他带进书的世界。童年是个神秘的阶段，这一阶段的经历在人的一生中起着不可估量的作用。惠特曼有这样一句话："一个孩子向最初的地方走去，那最初的，便成了孩子生命的一部分。"是的，一个生命在初始时光里遇到了什么，他的生命就会顺着什么方向铺展。尽管有人认为过早识字是对童年的摧残，但我还是固执地认为，有了文字的帮助，孩子会拥有一个神秘的工具，这个神秘的工具能帮他打开一扇窗，让他看到另外一个更为丰富的世界，这应是一条更为有趣的路。所以，我决定把他自然而然地带进书的世界。

用贴满字条的家迎接他

儿子出生前，我们曾隆重而认真地布置着我们简陋的家——用毛笔在白纸上工工整整地写上家里各种物品的名称，然后张贴在对应的物品上：沙发上贴着"沙发"，桌子上贴着"桌子"，床头贴着"床"，衣柜上贴着"衣柜"……就这样，我们用一个处处贴有字条的家隆重地迎接儿子的到来。儿子刚刚来到这个世界，我们有义务把家里每件物品的名称告知他，让他在接触某个具体物品时，也一起接触到代表这个物品的汉字，把汉字种植在儿子的认知里。等他稍大些，我便抱着他，把家里的物品一一介绍给他：这是沙发，这是桌子，这是床，这是衣柜……并适时地指着字给他看。再大些，儿子果然对文字有了独特的敏感，带他外出，他的目光总能在纷繁复杂的万物中机敏地发现字的存在。

当时我们在濮阳县一中生活，县一中紧邻濮阳县土地局，土地局大门上方有大大的"中国土地"四个字。每次走到土地局门口，我都会指着那大大的四个字读给儿子听，最初，他无动于衷，我坚持；但，好长时间过去了，他还是无动于衷，迟迟不开口，我似乎就要怀疑我的"劳作"了。可是，当我又一次带他走到土地局门口时，没等我说出口，他竟然脱口而出："中国土地。"那一刻，你能想象到我内心的惊喜吗？似乎多年来一直对着一朵花浇水，可它就是不发芽，而这次，它竟在毫无征兆的情况下扑棱棱地开出了花。

儿子1周岁时，我们为他订了《婴儿画报》。上面的一些故事是连载的，这期已读完但故事还未完结，他那颗幼小的心就会充满牵挂和期待。慢慢地，儿子就会在期待和憧憬中知道，世界上还有一种牵人魂魄的东西，它的名字就叫——书。后来，我只要出差，返程时给他带的礼物中一定有一本书，之所以这样做，是为了让儿子在潜意识中像期盼礼物一样对书充满期待。

有了这样的引导，儿子果然对书产生了浓厚的兴趣。那段时间，他最期盼我下班后给他读书讲故事。记得很清楚，当时我下班一进家门，他就露着"谄媚"的笑，"讨好"似的给我搬凳子、拿拖鞋，我坐下来刚刚换好鞋，他就会把书本拿出来。当然，读书时，我会尽可能地绘声绘色，力求用声音复活故事、复活文字，这样绘声绘色的朗读强烈地吸引了他。除了绘声绘色的朗读，我还适时采用指读法——指着字读给他听。这种方式在满足孩子了解故事梗概的基础上，无意中又进行了"识字教学"。就这样，慢慢地，他积累了一些常用字。再大些，他不再满足于我的朗读，开始利用识字的优势，拿起书"猜读"——自己猜测文字和故事。我一下班，他就急不可耐地把他猜的内容分享给我听。他的"猜读"提醒了我，于是，再给他讲故事或读书时，进行到紧要处，我会戛然而止，让他猜测故事接下来的走向……

就这样，书，缓缓地给他打开一扇瞭望世界的门。幼儿园中班时，老师在课堂上讲"蜘蛛是昆虫"，他站起来理直气壮地说："老师，蜘蛛不是昆虫，它是节肢动物。"这个声音让老师大吃一惊。当然，"蜘蛛是节肢动物"的常识绝对不是我们教给他的，而是他自己从书中看来的，因为有意识的教育中基本不包含这些内容。

2003年搬新家，书的搬运成了最大的难题，当时先生已经不再教书，我们商量着处理掉他任教时的教材。没想到，不满6周岁的儿子听到了，郑重其事地提出："爸爸，能不能把你的书送给我做生日礼物？"天啊，一个6岁孩子，竟然要高中生物教材做礼物？那一刻，我真分不清儿子的这句话是在表达他对教材上图片和内容的热爱，还是表达他对书的热爱。

营造家庭读书场

儿子读小学了，为了让儿子更好地和一本本书相遇，为了让一个个细碎的日子丰实而充盈，我们在家营造了一个读书场，设定了"家庭读书时"和"家庭读书日"。

所谓"家庭读书时"，是指每天的19点到20点，一家人都要在餐厅静悄悄地读书。这段时间，儿子的作业再多也不许写作业，先生爱好书法也不许练书法，喜欢写文章的我当然也不能写文章。家规就是这样，不能只要求孩子不做什么，也应该要求成人不能做什么。这个时间段，一家人只能安安静静地读书，这个时间段就是"家庭读书时"。

所谓"家庭读书日"，是指在周末两天里，我们要抽出一天时间进行阅读。最初，我们把阅读地点定在市图书馆，尽管图书馆距离我家有5公里之远，但一到周末，我们一家人骑着三辆自行车就浩浩荡荡出发了（儿子也骑自己的小自行车）。之所以把阅读地点定在图书馆，是想强化一种意识：周末，还可以有这样一种方式度过；周末，还有这样一个去处可供消磨。天长日久，儿子的周末自然而然多了一种选择：他可以选择跟随妈妈外出，也可以不选择；他可以选择陪爸爸外出，也可以不选择。因为除了跟随父母，他还可以选择去图书馆阅读。初中到高中的那个暑假，儿子基本都在图书馆泡着。我问他为什么选择在图书馆学习，他说在那里很安心。那一刻，我忽然想到，也许，图书馆已经成为儿子的心灵归宿，他在那儿能找到安全感和归属感。

现在回过头去张望，我非常感谢那段貌似陪伴儿子阅读的时光。尽管当时还没有"亲子共读"的名词，但我们已经开始形式上的"亲子共读"了。通过"共读"，我们在家营造出了读书氛围，为儿子做出了阅读的榜样。其实，那段貌似为儿子做阅读榜样的日子，实则让我有了诸多收获。这一貌似为儿子成长量身打造的"工程"，"严重影响"了我的生命质量，我在专业方面的成长，我专业发展瓶颈的突破，我对纷扰世事的看法，不能不说那段时间的阅读起着至关重要的作用。

有了"家庭读书时""家庭读书日"的引导，儿子慢慢养成了阅读的习惯。记得有个酷热难耐的夜晚，儿子和先生躺在大床上休息，我铺张席子在地上纳凉。但，躺在地上的我好长时间也没听到床上一大一小两个男人任何一点声音，煞是好奇，于是折身起来看他们在做什么。一看，才知道那两个人各抱着一本书津津有味地在读，看他们各自沉浸在自己的阅读中，本来准备睡觉的我，也不自觉地拿起了书。

是的，什么都有场，读书也有读书的氛围和读书的场，当家中另外两人都在认真阅读时，第三个人真的不好意思做其他事情。高中阶段，儿子每天晚自习回来，他看到的一定是爸爸妈妈要么在阅读要么在写作。有一天，当他看到我们坐在沙发上看电视时，他竟然愣了一下，然后问我们："今天电视播放什么好节目了？"身教大于言传，不需说教，不需唠叨，嗅着书的气息长大的孩子通体都散发着书的清香。

在"家庭读书时"和"家庭读书日"的引领下，慢慢地，儿子有了"随时随地阅读"的习惯。是的，阅读不只在"读书时"和"读书日"才发生，也不只在书房发生，真正的阅读要"随时随地"发生。平常的日子，我随身都会携带一本书。随身携带一本书太有必要了，因为我们很多时间都是在等待中度过的：坐公交车需等待，去理发店理发需等待，去医院看病需等待，开会也需等待……在这等待的空隙里，我们就可以做一件事——读书。看我外出带一本书，儿子也养成了带一本书出发的习惯。外出的路上，有了书的陪伴，不仅可以驱逐诸多乏味和无聊，还会因和书不可预测的相遇而滋生出诸多趣味与温暖。

专项购书费

儿子的阅读习惯养成了，但不久，另一个问题又来了：儿子对图书馆的书不太感兴趣了。因为幼儿部的书他已不感兴趣，成人部的书又稍显艰涩。怎么办？也好，出现了问题，我们正好可以借解决问题换种思路。于是，我们召开了一次家庭会议，确定下来家庭"专项购书费"——每月拿出80元（当时我的工资每月有1700元）作为专项购书费。之所以确定为80元，是因为80元买3本书有节余但又买不了6本书，那么，我们就先各买一本，谁先读完，谁就有权支配剩下的购书费。有了这样的制度，儿子阅读的兴趣似乎更大了，他总在努力争取支配剩余下来的购书款。

后来，随着工资的提升和网上购物渠道的开通，我们已不再局限于在书店购书，网络购书成为一个更为便捷的渠道。打开网购页面，还能清楚地看到这些记录：2010年网上购书107本，花费1899元；2011年网上购书67本，花费1357元；2012年网上购书116本，花费1895元；2013年网上购书148本，花费3066元；2014年网上购书92本，花费2348元……平均下来，我家每年大约支出2000元用来购书。对于一个家庭来说，2000元改变不了家庭的生活质量，但如果多了2000元的书呢？是否就会从家里散发出一种别样的芳香？

天长日久，在儿子的意识里，购买书籍已成为他生活中的一项重要内容。路过书店，他总会有意无意地去看看，似乎那里能安顿他的心灵。高中阶段，我们在给儿子零花钱时，考虑到他的这个爱好，每个月的零花钱中就有20元的购买杂志的款项。

阅读具有别样意义，播撒阅读种子的"花婆婆"方素珍曾说："给孩子读一本好书，就是为他撒下了一颗种子，这些种子会发芽、开花，然后住进一个小精灵；撒下的种子越多，住进来的小精灵就越多……"是的，阅读的书籍越多，打开的精神版图就越开阔，阅读者就越有机会拥有独立的判断和清醒的人生。我庆幸，在儿子的成长过程中，我在儿子的心房中播撒过这些智慧的小精灵。

把他带进历史深处

在引领儿子阅读的过程中，我也曾狭隘地把阅读当作提升作文能力的一种手段，也曾给儿子绘声绘色地读过很多童话故事，但后来，当他能够独自阅读时，他似乎更喜欢科普类书籍。尽管我按照自己的喜好给他购买杨红樱和沈石溪的书籍，有一段时间还持续给他订阅《童话世界》，但他似乎没有表现出太大的兴趣。面对这种情况，怎么办？当孩子的喜好和自己的意图不一样时，我选择尊重孩子。一个孩子一个口味，一个孩子一个喜好，父母不要期盼孩子对所有的书籍都感兴趣。他喜欢科普类的，就让他阅读科普类书籍好了，因为人生不只有写作文这一件事情。

　　我一直认为男孩子应该在两个世界畅游：一是体育世界，在运动中强健其体魄；一是历史世界，让精神多些宽度和深度，在比较中文明其精神。2009年暑假，我推荐儿子阅读《明朝那些事儿》。果然，"当年明月"幽默风趣的语言形成一个"场"，一下吸引住了儿子。从此，他喜欢上了明朝历史。后来，他陆续购买并阅读了《明朝大历史》《明史讲义》《明朝一哥王阳明》《传奇王阳明》《大明王朝》《正说明朝十六臣》《明朝特务制度》等书籍。2010年，他开始大面积涉猎历史方面的书籍，《历史是个什么玩意儿》《历史上的和珅》《历史上的纪晓岚》《历史上的多尔衮》等成了他的枕边书。

　　在历史书籍的引领下，儿子对收藏类书籍也产生了极大兴趣，尽管这份喜欢貌似来得极其偶然。那段时间，《百家讲坛》栏目持续播放《马未都说收藏》，观看电视后，先生感觉不过瘾，于是又买来书籍进行研读。书放在沙发上，儿子偶尔也会翻阅一阵，但这一翻阅，他竟然也喜欢上了。这个偶然的爱好，也从另一个侧面说明家庭氛围对孩子的影响。2010年，13岁的他把《马未都说收藏》精读了两遍。那年暑假，当我问他最想去哪里游玩时，他竟然说想去故宫。他这样解释，尽管故宫已经去过几次，但以前只是跟着看热闹，这次他要仔细研究故宫里的文物，例如元朝的青花瓷、宋朝的汝窑和官窑等。后来，我们再次去了故宫，我才发现他已在瓷器的世界里沉溺那么深。那几天，他给我普及了有关瓷器的基本常识，给我讲解"汝、官、哥、钧、定"的来历，讲解汝窑之所以珍稀是因为只烧制了20多年，存世只有70多件，讲解夜深人静时可以听到哥窑开片的声音以及哥窑"金丝铁线"的特点，讲解钧窑

"蚯蚓走泥纹"的特点，讲解汝窑的蟹爪纹，讲解釉里红的烧制温度要达到1250摄氏度，讲解是否懂瓷器就看"斗彩"一词的读法，讲解汝窑三足洗瓷器下面有乾隆皇帝的题诗，讲解永乐青花的蓝色浓到极致便发黑的特点……这所有的一切，都是阅读所赐。参观故宫后，他说了一句让人不能忘怀的话："要是以后能在故宫博物院上班该多好啊，即使发的工资少点，只要能让我天天看到那些文物，我也愿意。"

2010年暑假，他郑重地提出想购买一套《明史》阅读。在一番挑选之后，我们购买来中华书局出版的、张廷玉等编撰的繁体字纵排本共28本的《明史》。后来，尽管因为看不太懂，儿子暂时把书搁置了起来，但每当他阅读了与明朝历史有关的书籍后，他总要拿出那套《明史》翻找出相关内容进行比较。每当看到儿子站在书柜前查阅的背影，我似乎能听到儿子的拔节声：那个小不点已开始辩证思考了。

后来，他开始涉猎哲学书籍，去书店挑选来《黑格尔哲学讲演集》《悲剧的诞生》《希腊悲剧时代的哲学》。是的，人生中所有的问题都可以从哲学中寻找答案，就让他慢慢阅读吧。

毋庸置疑，人的成长需求具有多样性。因此，我鼓励儿子把视野拓宽，力争让他接触更多、更好、更为宽泛的内容。就这样，天文、地理、历史、哲学、体育等都成为他涉猎的范围。儿子曾对我说：学校门口的小书店，只要来了《国家人文历史》《第一财经周刊》《足球周刊》三样期刊，老板就会把它们放在最显眼的地方。儿子看到后，就会走进去，老板呢，也会很自然地递过去一份；儿子递过去相应的钞票，老板一般再优惠一元或两元。整个过程，除了儿子临走时说的谢谢，其他什么都不用说。当儿子讲述这幅场景时，我的心忽然暖暖的：天哪，在极度紧张的高中生活中，还有这样一幅温暖的场景在儿子的生活中出现！书店老板和儿子之间的这份默契，需要多长时间的揣摩？感谢这个书店，给儿子的高中生活留下了美好的记忆；感谢这个书店，让儿子的爱好有了着落；为儿子庆幸，繁忙的高中季也没丢了自己的爱好……

现在，整合一下我为他记录下来的阅读书目，看看他的阅读内容吧：六年级和七年级，系统深入阅读了《明朝那些事儿》和《马未都说收藏》；八年级暑假，阅读了《第二次世界大战战史》《希特勒传》《列国的崛起》等7本书；九年级春季，阅读了《朱元璋传》《苏东坡传》《李鸿章传》《张居正传》《大败局》《货币战争》以及《第三帝国的兴亡》等9本书；高一阅读了13本书：傅高义的《邓小平时代》、亨利·基辛格的《论中国》、《凤凰周刊》编的《大沉浮》《机密档》《中国贪官录》和王晓磊的《卑鄙的圣人曹操》；高二和高三，在我的建议下，大部头的书不再看，每月只购买《看天下》《第一财经周刊》《国家人文历史》《足球周刊》和《南方周末》。

高中毕业前，我对儿子提出建议：到大学后一周要读一本书。听了我的建议，儿子说："妈妈放心吧，到时候我会把高中三年欠读的书好好读回来！"问他欠读什么书，他说："我从《国家人文历史》中已经攒下好多书目了，等上大学时一定好好读读。"过了几天，儿子又一本正经地说："妈妈，我给自己做了一个规划，大学期间，我准备通读一遍'二十四史'……"

现在，儿子的书架上值得他珍藏一辈子的书已经有400余本。翻阅儿子阅读的"知识分子论丛"（许纪霖、刘擎主编）第10辑《何种文明？中国崛起的再思考》、第11辑《多维视野中的个人、国家与天下认同》、第12辑《何谓现代，谁之中国？现代中国的再阐释》，我不由得暗暗感慨：儿子的阅读已经远远在我之上，不，我已经被儿子远远地甩在了后面。

我坚定地相信，阅读过程就是自我学习的过程，阅读能给孩子带来一个有宽度、有深度的世界。当阅读成为一种习惯，孩子的主动学习和成长也就成了习惯。这种习惯一旦养成，必将圆融心智、开阔视野！我庆幸，我的儿子已经有了这种习惯。

阅读帮他找到了人生方向

我们必须承认，填报高考志愿是一件极其重要的事情，这次选择甚至能决定一个人的人生方向。2016年，尽管儿子高考成绩超过一本线113分，但我们也陷入选择学校和专业的纠结之中。

面对那本厚厚的《招生之友》上林林总总的专业，儿子有了一丝犹豫，尽管他有明确的爱好和倾向。好在我们很快就达成共识：我和先生只帮助分析各专业的利和弊，儿子综合各种分析和自己的思考做定夺，无论他如何选择，我们都无条件地支持。

经过几天思考，儿子有了明确的决定：所有志愿都只填报心仪的专业。他这样解释："如果选择职业仅仅为了谋生，那也是一件可悲的事情。"对这种看法，我和先生表示赞同并支持。

我为儿子有明确的方向而庆幸，但庆幸之余，另一个疑问又产生了：儿子什么时候有了这样的专业倾向？他的专业倾向源于什么？要知道，很多孩子选报专业时是没有专业倾向的。当我提出这个疑问时，儿子未语，走进房间抱出一摞书："妈妈，一切都源于这些书籍。"

是这些书籍让儿子找到了人生方向？其实，当看到这些书时，我又一次惊呆了，因为这些书对我来说是一个完全陌生的世界，陌生到我只能说出书籍的名称和作者：美国本杰明·格雷厄姆的《聪明的投资者》，美国杰西·利弗莫尔的《股票作手回忆录》，英国尼尔·弗格森的《顶级金融家》，美国保罗·海恩等的《经济学的思维方式》，美国罗伯特·J.希勒的《非理性繁荣》，美国安德鲁·罗斯·索尔金的《大而不倒》。

这绝对是个陌生的世界，翻阅着每本均有600页厚的书籍，另一个疑问又困扰了我：他怎么爱上这类书籍的？他什么时候开始涉猎这些书籍的？听我这样问，他又骄傲地解释：这要归功于整个高中阶段坚持订阅《商业周刊》和《第一财经周刊》。除了这两本每期必买的杂志，在高一时，他已经开始阅读曼昆的《经济学原理》。我好奇地问他《经济学原理》是本什么书，他睥睨我一眼说：经济类专业的大学课本。

哦，那一瞬间，我似乎只有不懂装懂了。尽管在书籍方面不懂装懂，但在另一方面，我真的懂了：原来，在儿子成长的道路上，他不仅坐拥了书香，而且还从书香中找到了人生的方向。

约翰·华生曾经说："给我一打健康、状态良好的婴儿以及由我支配的养育环境，我保证将他们中的任何一个人培养成我所选定的专家——医生、律师、艺术家、大商人，当然，也可以是乞丐、窃贼，不论其本人的天赋、倾向、能力及其先辈的职业与种族如何。"尽管这句话太过于强调后天的影响，但综合儿子的成长过程，我仍然清楚地感觉到：每个初始的生命都是出色的模仿者，自出生的那一刻，他的目光就在拼命地接收，他贪婪地注视着这个世界，进入他视野中的任何物象和声音，都会成为埋进他生命深处的种子。

阅读，不仅能促进儿童内部语言的发展，而且能改善思维的准确性、条理性、开阔性、深刻性、灵活性及创造性。我曾阅读过一篇题为《数学为什么从小学三年级依次掉队》的文章，作者指出，出现这种现象的原因不是"孩子大了，不听话了"，"青春期了，孩子野了"，而是"小时候没有进行思维训练"，是思维能力的地基没打牢。是的，数学是人类的高级思维活动，越往高处，需要的思维能力就越强，当思维能力不足的时候，掉队是必然的。小学三年级以前，数学只需要记忆力，记住一些计算规则就可以；可到了四年级，光有记忆力就不行了，还要有逻辑思维能力，这时逻辑思维能力不足的孩子就掉队了；到了初中，还需要有空间想象力，空间想象力不足的学生就跑不动了；到了高中，可能还要用到抽象、归纳、演绎等思维能力，这方面综合能力不足的学生就力不从心了。可见，阅读对于任何一门学科来说都是首要的。有研究发现，一年级或更早开始大量阅读的孩子比三年级开始阅读的孩子在其后的中小学学习，尤其是数理化学习方面潜力更大，因为前者在其后的学习生涯中具备了深度阅读能力和习惯。也就是说，一个人青少年时代的阅读，往往能影响到这个人的人格结构、知识视野、思想深度，会影响到这个人今后的人生。这一时间奠定的阅读基础，很大程度上制约着他思想能够达到的深度和广度。

除了思维能力，林语堂先生曾说："读书的享受素来被视为有修养的生活上的一种雅事……没有养成读书习惯的人，以时间和空间而言，是受着他眼前的世界所禁锢的……可是当他拿起一本书的时候，他立刻走进一个不同的世界。"是的,当你阅读了一本好书之后,你的眼前似乎打开了一扇窗,你禁锢已久的心情会豁然开朗,你会由衷地发出一种感慨:啊,原来人生还可以是这样的,原来书里藏着别人的世界。你读懂了,你的世界就拓展了。

推动摇篮的手也是推动地球的手,为人父母者,请在推动摇篮的时候也拿起书本吧,不为工作,不为职业,只为了让书丰盈自己的生命,只为了让书润泽孩子的生命,只为了让书香从门缝里淌出,让书香成为家庭的味道。父母是孩子的第一任老师,我们希望孩子成为什么样子,就请先把自己变成那个样子。

三、放手，放大成长的格局

　　一个生命一旦剪掉了身上的脐带，就意味着那个神奇的生命已经开始了独属于他的生命历程。孩子借助父母而来，但终将独立于这个世界。父母仅仅是孩子成长路上的陪伴者、引领者和欣赏者，很多路只能由他独自行走，很多事只能由他独自承受，做父母的无权代替，也无能力代替。

　　弗洛姆这样解析母子关系："母爱的真正本质是关心孩子的成长，也就是说，希望孩子与自己分离。这里体现了母爱与性爱的根本区别。在性爱中，本是分离的两个人成为一体；在母爱中，本是一体的两个人分离为二。母亲必须容忍分离，而且必须希望和支持孩子与她分离。""检验一个母亲是否真正具有爱的能力，就看她是否愿意分离，并且在分离后继续爱着。"可见，养育孩子的过程就是一步步远离的过程，远离是我们的期盼，也是我们的宿命。所以，当一个小不点降临到我们身边时，我们首先要思考，为了让孩子适应远离后的生活，我们要分清哪些事情是父母应该做的，哪些事情是需要孩子独立做的，哪些事情是要父母帮助孩子做的。换言之，做父母的既要负起自己的责任，又要守住自己的界限；既不缺位，也不越位。这个度的把握，既需要智慧，更需要理性。

在儿子的成长过程中，我很少娇惯他，用他的话说就是：他是被"放养"长大的。儿子说得不错，他的成长过程基本是"放养"的。

放手，从蹒跚迈出第一步开始

自儿子1岁生日前两天蹒跚迈出第一步开始，我就基本没有再抱过他。蒙台梭利说："儿童的第一步是对大自然的征服，标志着儿童进入到生命的第二阶段，学会行走对儿童来说几乎是一次新的诞生，他从一个无能无助的人变成了一个积极主动的人。"

独立行走是儿童脱离母体又一新的标志，是幼小生命又一个崭新的开始。尽管那趔趔趄趄的脚步似乎很不稳定，尽管他行走起来既没有速度也没有目的，但谁也不能否认，独立行走扩展和放大了孩子的世界，给这个生命带来诸多新的自由，让孩子更深度地参与到生活之中。在貌似不稳定的蹒跚中，小生命的各种协调能力和腿部力量都得到了有效锻炼。当时，我们住在濮阳县一中家属区最深处，从家到校门口足有半里路。晚饭后散步，我和先生在前面慢慢地走，他在后面蹒跚地跟着，似乎从来没有提过"抱抱"之类的要求。在熟悉的小区内行走，成年的我们很少会有新的发现，但幼小的生命就不同了，他时时都有发现的惊喜：走着走着，他发现地上有一群小蚂蚁，这群小蚂蚁就会吸引着他蹲下来消磨一阵时光；走着走着，他又发现头顶飞过去一只蝴蝶，他又会急匆匆地踮起脚尖、伸出手臂企图捉住它⋯⋯在那条最普通的小路上，儿子有了诸多的首次发现。我莫名地猜想，那一刻，那个幼小的心灵也会因这诸多的发现充满惊喜和快乐吧。

所以，每次外出，我们都由他自己慢慢地走，从不剥夺他享受行走的快乐和自由。但一位老教师看不下去了，她责怪我们说："我从来没有见过像你们这样带孩子的，我真怀疑这孩子是不是你亲生的。"老人心疼孩子，总认为孩子应该在妈妈的怀抱里长大，这种心情很能理解，但我理解她的心情，却不认同她的说法。所以，尽管她批评着她的批评，我依然微笑着坚持我的行动，把所有参与生活的机会都给予儿子。

是的，把所有能够给他锻炼的机会都给他，不剥夺他任何一项参与的权利，让他开始他能够开始的生活，让他用他的小脚一点点丈量世界、感知生活。这是我初做妈妈时的想法。

2岁时，我们送他一辆小自行车。他学会骑车后，我又一次被解放了出来：再外出，我骑我的大自行车，他骑他的小自行车，他从来没有提过坐我的车的要求。也许在他看来，独自骑车也是独立的标志吧。要不，他为什么既没有偷过懒也没有说过累？他那份投入世界的积极和热情足以融化所有的劳累吧？5岁时的那个暑假，我们上午骑车4公里去图书馆，下午骑车去5公里外的工作单位，一天下来，他骑着小童车走了足足18公里。当看着儿子满头大汗地行进在车流中时，我内心涌上的是心疼，但更多的是自豪和骄傲。

6岁时，他上小学了。家离学校很近，近得让我认为根本不需要接送。尽管我和儿子同在一所学校，但我们各自按照自己的节奏出发。有一次儿子的爷爷来我家，儿子竟然缠着爷爷送，并要求爷爷放学时也去接。我很诧异，问他为什么。他解释说：别的孩子都有妈妈接送，而他从来没有人接过。听了他的话，我有些愧疚。但尽管愧疚，我仍然坚持着原来的做法。当时那样做，有两个方面的原因，一是自己太忙碌了，二是想锻炼孩子的自立能力。现在想来，我对当时的做法持否定态度，因为那种坚持生生地把儿童"成人化"了……

是的，如果时光倒流，我不会那么绝对。我会偶尔在学校门口等等他，陪他走过那段回家的路。孩子毕竟是孩子，需要陪伴，需要温暖，这和锻炼自立能力并不矛盾。但当时，我就是选择了"一刀切"的方式，我放了学走我的，他放了学走他的。你说，是否年轻妈妈的心还没有修炼到那么柔软呢？

好在随着年龄的增长，我对生命、对教育有了不同的看法。当我有了这样的意识后，我又在尽力弥补以前的缺失：周末，我们会互相陪伴着去看电影、吃西餐或者逛街购物；他放了暑假而我还需上班，我还提议让他去送我或者去接我，他呢，也是欣然同意……在一起行走时，我会去拉他的手，他也会把手温顺地递给我。当我和他手拉手走在大街上时，我的内心深处总有掩饰不住的招摇和炫耀。那一刻，我们绝对不只走在别人的视线里，也肯定走在别人的羡慕中。陪伴，就是我们送给对方最好的礼物。

真正的放手，离不开尊重

尽管我现在为当时对儿子完全"放手"的做法有些许遗憾，但那段不长不短的路对他起到了一定的锻炼作用确实是不争的事实。有了那段时间的锻炼，他后来参加乒乓球、葫芦丝、游泳等兴趣班时，所有的路都是他一人走，他也似乎习惯了自己走。11岁那个冬季的周末，他下午在一个场地练习乒乓球，晚上去另一个场地练习葫芦丝，两个练习场地相距5公里，两项练习中间只有一小时间隔。那年冬天，太阳似乎落山特别早，总是儿子的乒乓球练习还没有结束，黑暗就已经铺开了。有一次，我在小区门口等他，昏暗的路灯下，远远望去，儿子独自骑自行车的身影显得那么孤单。但即使这样，我当时唯一做到的，也是在家做好晚餐等着他，他回到家，我端上不热不凉的饭菜，让他能用最短的时间吃完晚餐，然后再开始下一段路程。那一年，他11岁。

一个11岁的孩子，在一场练习之后，匆匆回家填饱肚子，然后又奔赴下一场练习。这中间有一半路是要在黑暗中行走，现在想想就觉得心疼。当然，儿子参加的所有兴趣班都是他自己的选择，所有的学习安排都是他自己安排。也许正因为是他自己的选择，所以他才能一直坚持下来。看起来，无论什么时候，内因都是最强有力的支撑。

当然，在这一过程中，我的放手意识以及尊重儿子的意识肯定也起到了一定的作用。那两年，为了锻炼他的理财能力，他的压岁钱开始由他自己支配。2008年汶川发生地震，他慷慨地把所有的压岁钱捐了出去，尽管我有顾虑，但仍然支持了他，因为他的理由很充分。2009年，他再三比较之后，决定花费1380元的压岁钱买一辆赛车，尽管我认为这是一种奢侈，但他执意要买，我也尊重了他。小学三年级，他要求参加太极拳兴趣班，第一次听他提出这个要求，我几乎哑然失笑，一个9岁的小屁孩儿，竟然要去学太极拳。但看他认真的眼神，我没敢取笑他，尽管明知他是三分钟的热情（他果然是三分钟热情，学了一个星期似乎就"寿终正寝"，再也不提学太极拳了）。七年级刚一接触物理课、化学课，他便说想要一套物理、化学实验仪器，方便在家做实验，于是，我们又颇费一番周折，给他配齐了一套，尽管后来他并没有那么投入。学习葫芦丝期间，他托付葫芦丝老师给他挑选个巴乌，他要自学吹奏巴乌。葫芦丝学完后，他又主动去学习吉他。有一段时间，他还多方面打听我们当地有没有除英语外的语言培训班，他想学第二外语，并且买来了德语课本……

总之，自10岁起，儿子似乎一下对世界充满了好奇，他主动伸出所有的触角去试探、触摸、感知和拥抱这个世界，时时处处都在表达他的需求和选择。面对他的选择和兴趣，只要他提出并且有足够的理由，我都支持。是啊，没有把一扇门打开，没有带着他往门里走，怎么知道他是否喜欢门内的东西？没有尝试，怎么知道他是否感兴趣、是否能坚持？

是的，当孩子选择做某事时，做父母的要尊重孩子的意见，不要凭借自己的喜好为孩子做决定。同样，当孩子选择放弃某事时，父母也要尽量尊重。真正的尊重是不仅尊重他的坚持，也尊重他的放弃。还是拿学电子琴来说吧，在他坚持学习三年且已考过七级之后，他遇到了葫芦丝，于是便"移情别恋"了。最初得知他要放弃电子琴，我当然不能接受，要求他坚持下去，不能遇到"新欢"就忘记"旧爱"。我告诉他：人生路上，谁也不能保证只做自己喜欢的事，不喜欢做的事情很多时候也必须做。尽管给他讲了很多道理，尽管我企图让他再坚持一下，但我还是没有说服他。尽管他仍然装模作样地去学习，但他其实已经在偷偷逃课了。事情都到了这种地步，再坚持，还有必要吗？

生命中没有那么多的"必须"，很多事情都有两面性。电子琴的学习，貌似半途而废，但谁能说他对葫芦丝和吉他的热爱就没有电子琴的功劳呢？谁能分得清这其中谁是因谁是果呢？不能否认，坚持、执着是一种精神、一种美德，但很多时候，学会放弃也很有必要。让人执着的可能是坚韧，也可能是固执；让人放弃的可能是懦弱，也可能是智慧。每一个选择的背后其实就是另一种放弃，这样说来，当面对矛盾和冲突时，我们解决问题的方式不是只有坚持和执着，有时候，貌似退步的放弃和貌似软弱的妥协可能恰是另一种智慧、另一种力量。执着和坚守，能让生命精彩；而放弃和妥协，也许就是呵护生命的底线。两者同等重要，两者都需学习。

那段时间，面对他的种种想法和决定，我给予的是支持，是尊重，尊重他的选择，也尊重他的放弃。是啊，每个人随时都会站在一个又一个十字路口，进行一个又一个选择，当有些路实在走不通时，我们要允许孩子退回。张文质老师曾经说："尊重孩子的兴趣，尊重孩子的选择，鼓励孩子自己去尝试，如果尝试失败了，继续鼓励他尝试别的，直到找到他喜欢的为止。"国外有人统计：孩子从2岁开始，一天就可以独立做出两个决定；到18岁的时候，很多决定他都可以自己做了。这样说来，让孩子在选择中学会选择是做父母的一门必修课。让孩子在选择中学会选择，让孩子在选择中学会负责，父母可以明确地告诉他："关于这件事，我并不比你知道得更多，你得自己去尝试！""我不能告诉你什么是对的，你要为自己的选择负责！""也许你是对的，我只是建议你怎么做，但决定权在你。""也许你是错的，但谁又能次次都对呢？我也做不到啊。""如果你碰壁了，我会倾听，会给你建议，但我不能为你做任何决定。"

放手，就要提供独立机会

除了尊重他个人的选择，我还有意识地给他创造独自做某些事的机会。在这一过程中，他收获的不应该只有参与的结果，还应该有参与过程中的思考和成功的体验。

儿子13岁时，他第一次独自去医院探望了病人。那次嫂子住院了，儿子一直询问伯母的病情如何，看他那么关心，我建议他自己去医院看看，最初还担心他会拒绝，但没想到他马上答应了。我把嫂子所在的医院、病区、病房告诉他，他就骑着自行车出发了，尽管他只知道医院在哪里。

还是13岁那年暑假，有一天先生在家安装电风扇，但还没等安装完毕，就因事匆匆外出了。看着剩下的一堆零件，我把它交给了儿子。尽管初听到任务时他挠挠头说从来没有安装过。折腾一番，他把爸爸安装的部分拆掉了，问他为什么，他说怀疑爸爸安错了。好，敢于怀疑爸爸的孩子是有创造力的孩子。再后来，迎接我的就是一股清凉的风了……

11岁那年，他因为逃课导致1300多元的自行车被盗。问他该怎么办，他考虑一下说去派出所报案。我们支持他，并强调遇到困难时就应该向身边最有力量的人求助。到派出所后，工作人员要做笔录，我要儿子讲给他们听。尽管工作人员表现出"孩子能讲出什么"的神态，但我依然坚持让儿子讲，因为他是当事人，果然，儿子讲得很清晰。

2010年，我们踏上了世博之旅。出发前，我们一家人进行了分工，11岁的儿子负责园内的游览路线。两天内，我们的参观顺序由他来定，并且保证不浪费时间；不同地点之间的交通方式由他来定，力争保证合理化；就餐地点和就餐食品他说了算，力争科学化和多样化……当时还没有手机地图或其他电子产品，儿子通过纸质地图完成了所有的查找，尽管他也有查找不到的地方，尽管他多次去询问志愿者。

2014年春节，一家人去北京游玩。外出前，儿子把自己定位于游玩的引导者和策划者。几天内，他引导我们参观了我们想参观的地方，寻找到了藏在犄角旮旯儿里的小吃。几天锻炼下来，他俨然成了一张北京"活地图"。

2011年，受沙拉女士《特别狠心特别爱》的影响，我决定让儿子参与到家务劳动中来，让儿子在"有偿生活机制"中得到锻炼。那个周末，他做了一天"主厨"，完成了一日三餐食谱的制订、食材的购买加工及最后餐具的洗刷等任务。那天，他购买得很用心，操作得很认真，我和先生吃得很香。我想，他肯定从我的吃相中体验到了独特的快乐。

高中报到那天，他独自一人前往，回来后告诉我，班里81个学生，只有他和另外一个孩子是独自一人报到的，其他学生都有家长陪同，有的学生竟然有三位家长陪同……

给孩子一个空间，他会自己往前走；给孩子一点时间，他自己会安排；给孩子一点权利，他自己就可以去做主。家长，要学会放手；家长，要尝试给孩子提供独立的机会。

放手，妈妈要学会适当示弱

儿子独立完成的事情似乎很多，因为在他眼里我是一个笨妈妈。我确实很笨，例如，我天天泡在电脑前，但却是个地地道道的电脑盲。儿子说，在我这里，电脑只是一张能写字的纸。除了电脑，我在其他方面也很笨拙，例如总是丢三落四、出门没有方向感等。这所有的一切堆积在儿子的意识里，就堆积出一个笨笨的、弱弱的、需要他照顾的妈妈形象。

任何事情都可能是双刃剑，现在看来，我的笨拙竟然也成了培养儿子的一个有利因素，这也许正应了"巧妈拙闺女"的说法。是的，也许当父母太能干时，孩子无形中就少了参与的机会，而遇到笨妈妈，他没有了可以依靠的对象，就只能逼迫自己快速成长了。总之，在孩子面前，父母笨一点、弱一点、迟钝一点，就会给孩子提供展示的机会，促进他的成长意识，让他体会到被需要的快乐。林格先生形象地说"教育者最好少一只手"，因为少了一只手的我们成了最无助、最需要帮助的人。当少了一只手的我们无助地站在孩子面前时，我们也许会恍然大悟：原来，没有我们的帮助，孩子竟然能做得那么好。

当然，我是真笨，我是真的需要儿子帮忙和照顾，而对于那些不笨的妈妈来说，适当地装"笨"也不能说不可取。很多时候，太勤快、太能干的妈妈并不值得称赞，因为除了增添自己的负担，还剥夺了孩子锻炼和尝试的机会。更何况，做一个不完美的人也是很有乐趣的。

做父母的应该有"终点意识"，想让孩子在30岁时有什么样的生命状态，那么，在孩子10岁时，你就应该给他创造机会让他朝着那个方向努力。评价一件事情的意义和价值，需要用孩子长长的一生；教给他的东西，要考虑在他一生中能起到什么样的作用。

龙应台说："所谓父母、子女一场，只不过意味着，你和他的缘分就是今生今世不断地目送他的背影渐行渐远，你站立在小路的这一端，看着他逐渐消失在小路转弯的地方,而且,他用背影默默告诉你:不必追。"养育子女的过程就是一步步远离的过程,世界上其他所有的爱都以聚首为目的,唯有父母对子女的爱,是以分离为目的。就如雏鹰只有离开巢穴才能翱翔蓝天,鱼儿只有放归大海才能长成千斤大鱼一样,家长只有放手,孩子才能迈出第一步,开始踽踽独行。我深知其中的道理,为了让儿子的脚步更稳健,我尽量放手,给他提供更加自由的空间,让他自由地生发、成长……

四、让体验活动成为成长的"场"

哲学家苏格拉底曾留下诸多有趣的故事，其中一个是这样的——

有一位年轻人找到苏格拉底说："我想知道你所知道的一切。"苏格拉底回答："如果这是你的愿望，那就随我到河边吧。"年轻人满腹狐疑，跟着苏格拉底来到附近的小河边。他们在岸边坐下，苏格拉底说："你仔细看看这条河，告诉我你都看到了什么。"年轻人说："我什么也没看见。"苏格拉底回答说："再仔细看看。"当那人在岸边凝视，身体向前凑近河水时，苏格拉底突然抓住他的头按入水中。年轻人扭动着胳膊挣扎，但苏格拉底就是把他死死地按在水里。就在那人快要淹死的一刹那，苏格拉底把他从河里拖上来放倒在岸边。年轻人一个劲儿地咳嗽，上气不接下气地说："老先生，你疯了吗？你想干什么？杀了我？""在我把你按在水中的时候，你最想要什么？"苏格拉底问。"我想要呼吸，想要空气。"年轻人答道。"我年轻的朋友，不要误以为智慧能那么容易得到，"苏格拉底说，"当你想学习的愿望像刚才需要空气那么迫切时，再来找我好了。"

四、让体验活动成为成长的"场"

原来，这是苏格拉底特意创设的一个场景，目的是让年轻人通过切身体验明白"求知的根本是自己内心的迫切需要"的道理。教育家杜威也曾说："教育并不是一件告诉和被告知的事情，而是一个主动的和建设性的过程。"也就是说，在孩子的成长过程中，有些内容可以被告知，但有些内容需要自己在体验中感悟。

在陪伴儿子成长的过程中，我积极支持儿子参与各种体验活动，期盼他在参与的过程中体验成长的快乐，积淀对生活的感受。

最小的"驴"

2006年5月28日，距离9岁生日还有三个月的他，第一次跟随户外单车俱乐部，一天骑了40公里，成为该俱乐部历次旅行中最小的"驴"。

以前，我也偶尔参加户外单车俱乐部的活动。在我看来，这是一个既锻炼体力，又锻炼意志，还能锻炼合作精神和胸襟的纯净世界，所以，当身边的小不点逐渐长大时，我决定把他带进这个世界。我总认为，男人的身上应该野性和文明共存，而户外单车俱乐部恰巧能让二者兼顾。那次，看驴友们把骑行目的地定于20公里外的地方时，我便决定带上儿子出发了。

儿子当然很兴奋，尽管他骑的仍然是两岁时的小童车。骑车开始时，他冲在最前面，似乎要证明自己有足够的力量。驴友们都在夸奖和鼓励他。听着夸奖，他的劲头更大了。这种表现欲能起到一定的积极作用，但也会带来消极的一面：因为他太在意外界的认可和评价，当外在的刺激减弱时，他可能就没有了行走的力量。果然，当走到半道时，他的体力渐渐不支，看到别人一个个超他而去，他似乎泄气了。好在驴友团安排有两名"督队",在两名"督队"的陪伴和鼓励下,他还能一直坚持。最后,当我们几个人抵达目的地时,儿子被其他驴友欢呼着举了起来,被一同举起来的还有他的小童车。那一刻,儿子心中涌上的应该是战胜困难后的欣喜和自豪吧。

胡吃海喝一通后,驴友们返程了。考虑到儿子的年龄,驴友建议儿子乘坐跟随的汽车回来。但没想到,他竟然拒绝了,坚持骑车返回,似乎不骑车返回就不是男子汉一般。也好,那就坚持吧,我尊重他的选择。当然,一路上,他肯定很累,于是我告诉他:"每个人的身上都有着无限的潜力,最困难的时候,一定要想到两个字:坚持。"就这样,在种种鼓励下,儿子最终圆满地完成了任务——40公里的骑行任务,光荣地成为最小的"驴"。

从此,他开始走进骑行的世界。有段时间,我们一家人坚持每天夜骑10公里。后来,他开始跟驴友们去不太远的地方摘枣子、挖红薯了。再后来,他便开始组织同学骑行了。他曾组织同学骑车去同学的老家,也曾组织同学去自己老家看奶奶,这让奶奶又感动又心疼。

这就是孩子,父母带他走进一片天空,他就会尝试在这片天空下驰骋。每次骑行回来,他都很累,但,他感受到的,绝对不只是劳累。我相信,在这个过程中,除锻炼了体力外,他还学会了坚持,懂得了合作……

龙城广场义演

2010年,舟曲发生了泥石流灾害。当他关注灾区信息时,我建议他用自己的双手去捐助。我之所以这样建议,除了想让捐助更有意义,还

四、让体验活动成为成长的"场"

想让他在这一过程中得到锻炼。他要挣到钱，一定要和成年人打交道，并需得到对方的认可，这一过程就是锻炼。更重要的是，在这一过程中，他肯定会遇到诸多挫折，无形中又锻炼了抗挫折能力。

很好，他欣然接受了这个建议。但采用什么方式挣钱呢？我又提出建议：要么凭借力气，要么凭借技术，凭借技术肯定比凭借力气占优势。听到这些分析，他亢奋地提出他要去义演。但考虑一会儿，他又否定了，他认为义演太出风头，并且还有诸多的不可预测性。因为有这种顾虑，他还是决定凭借体力挣钱。也好，那就选择凭借体力这一途径吧，只要他有行动就好。

现在回想起来，我真庆幸当时对儿子的尊重。正因为尊重，他才在诸多选择行不通时，自觉考虑父母建议的路。解决事情的具体方式有很多，到底"这样解决"还是"那样解决"，很多时候差别并不大。当"这样"或"那样"都可以的时候，父母就没必要强迫孩子必须按照自己的想法去做。当孩子做决定时，他肯定也会进行诸多比较，这个比较过程，是选择的过程，也是成长的过程。

经过一番策划，他决定先去快餐店应聘临时店员。于是，他先后去了肯德基、麦当劳、德克士等快餐店，但一一都以碰壁告终。但他不气馁，紧接着就又去了剑桥英语等暑期辅导班，看有无宣传页发放，但又是失望而归。一上午没有找到一个挣钱的渠道，看来凭借力气挣钱的计划似乎泡汤了。于是，他便启动第二套方案：龙城广场义演。

尽管这是他自己的选择和决定，但毕竟是13岁的大男孩儿了，当他写好募捐说明并准备好募捐箱后，他又打起了退堂鼓。这种表现很正常，任何一件事情，尽管计划时热血沸腾，但真正实施时可能仍然会有诸多顾虑和胆怯。这时候，我给予他的只能是鼓励和夸奖。还好，经过一番挣扎，儿子终于在濮阳市龙城广场支起了"摊位"，拿起吉他弹奏起来。万事开头难，只要发出了第一声，接下来就水到渠成了，弹唱一番，累了，又拿起葫芦丝吹奏一阵。

人慢慢围拢过来，驻足观看募捐说明和表演，但很多人仅限于观看。好在，慢慢地，终于有人往募捐箱里放钱了，一个、两个、三个……从4点到5点半，儿子募捐到了32.7元。回到家，他从网上搜索到濮阳市红十字会的具体地址，第二天就骑着自行车出发了。当找到办公地点，当填写完捐款明细，当拿到那张盖有红十字会印章的捐款收据时，他长长地舒了一口气，如释重负！

拿着乐器走向街头义演，这确实需要勇气。在我们这样的城市，我不知道有多少孩子做过这种尝试。好在儿子尝试着去做了，为儿子点赞。当然，也要为支持他、鼓励他、为他出谋划策的妈妈点赞哟！

事后，儿子写下了这样一篇日记——

我为灾区献爱心

舟曲特大山洪泥石流暴发，给了我极大震撼。当我看到月圆村被泥石流夷为平地的时候，当我看到舟曲无数人民无家可归、流离失所的时候，我下定决心，要为灾区出一份力。

但怎么出这份力呢？尝试一番，我决定利用自己的特长去龙城广场义演募捐。

刚有这个想法时，我很激动。但那天下午走到龙城广场时，我突然害怕、羞涩起来，打起了退堂鼓，恨不得反悔离开。妈妈觉察到我的变化便鼓励我："别怕，相信自己，你肯定会得到别人的支持。"尽管有妈妈的鼓励,但我的腿还是在微微颤抖。

后来,同学郭家辉来了,郭家辉可是我的好朋友。他的到来似乎给了我信心,清清嗓子,我终于唱了起来。在我弹唱的过程中,郭家辉一直不停地给我做手势鼓励我唱下去。当我唱完第一首歌时,我突然轻松了许多。

我完全放松了,就像在家里一样。但,当我唱了一首又一首歌时,募捐箱仍然是空空荡荡的,一分钱也没有。这时,我有些心急了,心里想:如果一分钱也赚不来那真是太丢人了。就在这时,一位阿姨在募捐箱里放了五块钱,这给了我很大的鼓励。(事后我才知道,当妈妈向这位阿姨道谢时,那位阿姨竟然激动得流了眼泪,一直夸我有爱心,夸这个活动有意义。)我之后就更加努力地弹吉他,这时,一个叔叔走过来,慷慨地掏出8元钱放入了募捐箱,我非常激动。渐渐地,募捐箱里的钱越来越多,我也越来越有信心,弹到最后,手指头都弹掉了一层皮。

天色暗了下来,我便开始收拾东西。经过清点,一下午居然募捐到32.7元。

第二天,我来到红十字会,把32.7元钱交给了工作人员。当工作人员把捐款收据给我的那一刻,我感到无比骄傲。我为自己战胜羞涩、怯懦而骄傲;我为我赚到了第一笔属于自己的钱而骄傲;我为我能为舟曲灾区的人民出一份力而骄傲!

华英书苑做义工

2012年暑假,儿子中考结束。那个暑假,他既没有初中的作业,又没有高中的任务,是一个可以"自由呼吸"的假期。那么,怎么让这个难得的假期过得更有意义呢?

我思考一番，建议儿子去华英书苑以义工的身份体验生活，体验劳动者的辛苦与成就感，借以培养他的责任感和承担意识。听了我的建议，他似乎没有考虑就欣然接受了。

经过和华英书苑的负责人沟通，那天下午3点，儿子先去书店了解情况，熟悉工作流程，为第二天正式上班做准备。本以为他去去就会回来，但没想到，晚上6：30他还没回家。我给他打电话，他说还在熟悉工作程序。那一刻，我窃喜，因为儿子已经进入了工作状态，这是有责任心的表现。

晚上7：30，他回来了，眼睛里有遏制不住的激动和兴奋，滔滔不绝地讲述着下午经历的点点滴滴：他的工作是接待顾客和引导顾客，为做好这份工作，他需要熟知书籍的分类和摆放区域……为了更快适应工作，他先自己记忆几遍书籍的分类，然后又找其他员工模拟顾客进行了试验……听着这些，我心里暗喜：好个有责任心的小伙子。有这样的责任心，还有什么事情做不好呢？

第二天，他正式"上班"了。上班时间是17：00至21：30。但下午午休片刻他就要出发，问他为什么去这样早，他说早去一会儿可以再熟悉熟悉书籍分类。晚上21：00，我心里开始忐忑，毕竟6个小时了，他站了6个小时啊，累吗？饿吗？给他打电话，问是否需要去接他。电话接通的那一瞬间，我陡地紧张起来，唯恐听到他哭泣的声音，唯恐他责怪妈妈的傻主意……但还好，我听到的不是哭泣的声音，而是他兴奋地回答在"补货"（已经是专业术语了）。21：40，他回到家，一边讲述下午遇到的人和发生的事，一边去厨房开火打灶……

华英书苑周末有讲坛，做义工的那个周末，儿子早早就申请承担

四、让体验活动成为成长的"场"

端茶倒水的服务工作。事不凑巧，那天天降大雨，他吃过午饭就冒雨出发。我不放心，问他能否等一会儿跟我们一起走。没想到，他竟然说："我能跟听众一起去吗？我必须早去做准备。"

那天下午，听众很多，儿子表现很好，端着茶盘大大方方出场了，不扭捏、不拘谨。就这样，儿子以从容、淡定的神态站在了众人面前，展示了他充满锐气而又挂着微笑的面庞。

那天，坐在听众席上的我似乎混淆了角色。我不知道我到底是在听讲师讲课，还是在欣赏儿子……

那年暑假，儿子做了两周义工。义工生活结束时，书店负责人这样评价儿子："今年暑期对我很有启发，鲁涵是第三个义工，也是进入角色比较快、自律性很强的一个孩子。在他们身上，我看到了90后闪光的一面……鲁涵才14岁，这是一个美丽的年龄，这是一个对世界充满梦幻和憧憬的年龄。这些孩子把他们最纯真的爱留给了华英讲坛的每一位听众，谢谢他们以及他们背后的家长！"

儿子在暑假总结中这样写：

最初听到妈妈建议我去书店做义工，感觉这主意很馊——让自己的儿子白给别人干活，这肯定不是亲妈所能想到的。但是，尽管觉得妈妈的主意很馊，但毕竟没有尝试过，做义工是什么感觉呢？带着这份好奇，我还是兴奋地接受了。

第一天到书店，还有些不知所措，站在那儿不知道干什么，来了人也不知道怎么招待，就在那里很茫然地站着。

到了晚上，来了一个和我差不多大的"同事"，叫张宇，他上高二，是前几周来的义工。他带我在书店里转了一圈，告诉我工作的内容：引导购书者到需要的书架,来了新书分类上架,晚上下班前摆库存等。为做好这些,我首要的任务是记住书店所有书架的分类,好引导购书者。

开始工作了,我先在书店走了几圈,记下了书架的分类。为了验证自己能否胜任工作,我还请张宇充当顾客,进行了现场模拟,还好,他还真没有难住我。

第一天就这么过去了,我感觉这工作很有意思。第二天上班就比第一天好多了,放得开了,当然就做得更好了。第三天,是星期日,这可是最锻炼我的日子。

我们书店有个最大的特点是周日下午有免费的"午餐"——"华英讲坛",就是各路大师免费做讲座。据说,这样的讲座已经坚持了三年多,开了110期。那天我主动申请端茶倒水的服务工作,说真话,这个工作比当导购难多了,毕竟我要在众目睽睽之下端着茶盘走到每个听众面前,给他们倒上一杯茶。也许没有人注意我,但我仍然感觉很局促。给每人端上一杯茶,我就可以稍微休息一下,每隔20分钟,再给听众续一次茶。工作虽然很无聊,但这工作挑战了我的胆量。老妈说,能在众人面前大方地完成端茶倒水的工作,这本身就值得庆贺。

两周的工作给了我很多的收获,让我知道了工作的艰辛。书店营业时间是从8:00一直到21:30。21:30结束后,我们还要总账,有时候,顾客看书的积极性很大,我们就一直等,有时到22:00才关门。这样的工作确实很辛苦,但还好,我一直坚持了下来。

两周内,书店的团队文化对我的影响很大。在这里,所有员工都是平等的,没有地位高下之分,所有员工都亲切地称呼陈总为陈姐。陈姐比妈妈大一岁,但她仍然让我称呼她陈姐。我反复思考才明白陈总这样做是为了体现职场平等，这个称呼折射出的是她没有把自己当成高高在上的老总，而是同事中的一员。平时不忙时，我们爱听陈姐闲聊，她告诉我们做人要尽自己的本分，所有光环的背后都是艰辛和汗水，没有人能随随便便成功，200年的苍松，它经历的雷劈风吹，它忍受的霜雪严寒和酷暑，比花花草草多得太多了，也因此，松才成为松……

来书店前，我有一个想法：准备做一个读书调查，想看看我们当地人的读书兴趣。这几天，我一直认真观察，也许是假期的原因吧，来看书的还是孩子多，购买儿童和文学类图书的人比较多。儿童图书中的名著最畅销，而在文学类的书中，国学类和畅销小说占大多数。除了这些，快开学了，一些教辅资料也销售得很好。

不知道如果不是假期，如果不是有大人带着小孩来看书，如果不是马上开学，家长需要给孩子买教辅，书店里是否还能有这样的读书氛围。我真的期盼那些买到书的人，能真正静下心去阅读，让自己的目光激活书的生命，也让那些书增加自己的高度。

两周义工生活结束了，不得不说，妈妈的这项特殊的馊馊的创意，还真让我收获特别大。最后，谢谢老妈，谢谢老妈的馊主意，谢谢陈姐给我搭建的这个体验成人世界的平台。

用脚丈量爱

2013年暑假，儿子要迎来16岁生日。16岁，人生又一新的标志和起点。站在16岁的门槛上，他终于要走出"小屁孩儿"的圈子，成为一个具有完全民事行为能力的人。

一进入8月，我就在考虑怎么度过这个特殊的日子，怎么才能让这个特殊的日子更有意义。想来想去，我们决定利用周末，全家徒步到11公里外的濮上园，去迎接儿子16岁的生日。

徒步貌似很简单，但其实是一个很锻炼人的运动。在行走过程中，参与者一直在"坚持"和"放弃"中"挣扎"，这对人的意志是很好的磨炼。刚听到这个建议时，儿子很兴奋，毕竟这是个很具有挑战性的策划。儿子总爱说：妈妈的脑子像个魔术袋，里面装满了各种各样奇奇怪怪的念头。好在儿子喜欢我、支持我，他把我脑袋里各种各样的念头演变成了一个又一个现实。

8:00出发，儿子戴着耳机，边走边听音乐，很轻松很享受的样子。问他什么想法，他轻描淡写地说："这有什么？要是走不回来，那才是孬种呢。"我窃喜，好小子，咱就试试。刚开始，他走得很快，精力足，信心也足。但一小时后，他开始慢下来，其实，我的腿也开始酸疼起来。问他，他只说脚底疼，这才发现他穿的竟然是板鞋。有了这个发现，爱人批评我准备工作做得不充分，没有给儿子准备好合适的鞋子。听了这样的批评，我当然很委屈：他穿错鞋子为什么要批评我？他应该知道徒步时一双合适鞋子的重要性。儿子也认可我的观点，认为鞋子不对是他的责任。是的，生活就是这样，自己的事情自己要负责任。

9：30，我们才刚刚走到濮上路。天哪，走了一个半小时，还没有挣扎出这个城市……那一刻，我忽然感觉很无助，热、累、渴的感觉似乎更强烈了，前方的路似乎变得遥远无尽头，任你一直往前看，也看不到希望。我开始为这个建议懊悔，没有理由地觉得自己会放弃。问儿子，他说他也有这种担心，因为他的板鞋一点弹性也没有。

后面的路，对我和儿子都成了挑战，尽管儿子表面上表现得还轻

四、让体验活动成为成长的"场"

松，但走到一大半时，他开始喊累了。我呢，已经连喊累的力气也没有了，腰和胯骨酸疼得厉害，似乎它们在体内失去了控制，开始散架，脚步，已经属于一步一挨了……

到达目的地，我头晕恶心，出现了中暑反应，马上打开垫子躺下休息。但男人就是不一样，陪我一阵后，他们便租一辆脚踏车游园去了，也好，这也是一种调节。下午14：35，开始返程，本来做好再经受一番挣扎的心理准备，但没想到，回来时，似乎上天把去时的路剪去了一段，不知不觉就到了开发区三中，不知不觉就到了建业壹号城邦，不知不觉就到了开发区管委会，不知不觉就到了颐和公园，再一个不知不觉就到了马颊河，再不知不觉就到了玉门路……几个不知不觉后，就到了家门口，尽管腿有些酸沉，但毕竟腰和胯骨都不再那么散架般地酸疼了。就这样，尽管不是轻轻松松，但毕竟没有那么多磨难地就回到了家。也许，上午去时的行程已经把身体所有的关节都活动开了的原因吧。

理所当然，儿子表现也很轻松，尽管脚步逐渐慢了下来，但，爸爸妈妈在坚持，他也始终没有抱怨。

就这样，在儿子16岁生日前两天，我们用这种特殊而别致的方式迎接了他的生日。问他有什么感受，他说有两点：第一，决定了做一件事，就一定要坚持，绝对不能半途而废；第二，每个人身上都有无限的潜力，最困难的时候，一定要告诉自己，坚持一下，再坚持一下，也许，你就能创造一个奇迹，千万不能低估自己。

这是儿子在经历艰难的徒步后得出的感受，这是他在"坚持"和"放弃"的斗争过程中得出来的感受。莫名地相信，这感受会融进他的血液，成为他骨骼的一部分。就这样，在儿子16岁生日前，我们三人互相陪伴着走了22公里。儿子，对你的爱，爸爸妈妈曾一步步丈量……

禁食一天记

国庆节，读高二的儿子只放三天假。尽管假期很短，但假期作业却很多。问他有什么打算，他说只求睡个饱觉、踢场足球而已。

三天的时间只这样度过，也难免有点太平淡，做点什么增添一点趣味呢？30日晚上，我忽然心血来潮：何不一家人禁食一天呢？

最早有禁食一天的想法，是在了解"延迟满足"心理实验之后。美国心理学家曾经做过一个著名的糖果实验：实验者发给幼儿园的孩子每人一颗糖果，然后离开孩子们，允许孩子马上吃掉糖，但如果谁能坚持到他回来再吃，就能够得到两块糖。实验者走后，孩子们有了不同的表现：有的孩子迫不及待地吃掉；有的孩子一再犹豫，但还是忍不住塞进嘴里；有的孩子用尽各种方法让自己坚持下来……20分钟后，实验者回到房间，坚持到最后的孩子又得到了一块糖。

对这群孩子，研究者进行了长达14年的追踪，他们发现这些孩子有明显的差异。克制型的孩子社会适应力较强，较为自信，人际关系较好，也较能面对挫折；在压力面前，不易崩溃、退却、紧张或乱了分寸，能够积极迎接挑战，不轻言放弃；在追求目标时，也能和小时候一样克制立即得到满足的冲动。而冲动型的孩子约三分之一缺乏这种特质，他们怯于与人接触，固执而优柔寡断，容易因挫折而丧失斗志，遇到压力容易退缩或者惊慌失措，容易怀疑别人或对别人感到不满，容易嫉妒或羡慕别人，因易怒而常与人争斗，而且和小时候一样，不易压制

四、让体验活动成为成长的"场"

即时得到满足的冲动。

当初看到这个实验，我就想在家里变换着尝试一下，但苦于寻找不到合适的时机。这次放假三天，又没有太大的体力劳动，何不进行一下尝试？最初还有些犹豫，考虑儿子正是长身体的年龄，禁食一天合适吗？但想到现在的孩子绝对不缺少营养时，我也就释然了。就这样，我把想法告诉儿子，他先是一脸惊诧，但好在并没有摇头，只是详细地询问禁食的时间和禁食的内容等细节。

告诉他，所谓的禁食一天，就是从头天晚上进食之后，一直坚持到第三天的早晨，中间只能喝白开水，不能吃水果，不能喝饮料。还好，他接受了，只是一脸坏笑地说：趁有吃的权利，快点吃东西去。

第二天早晨，一家人都懒懒的，早晨9:00，问儿子饿不饿，他说没感觉。9:30，再问他，他还是说没感觉。此时，我已很有饿意了。越是饿的时候，越是发现能吃的东西，家里处处都充满了诱惑：茶几上有吃的，餐桌上有吃的，冰箱里更有吃的……既然家里充满了诱惑，那就外出逛街购物躲避诱惑吧。但没想到，来到商场，发现商场正在为庆祝共和国生日分享蛋糕。天哪，饥饿的时候出门也能撞见吃的，这真是连上天都在诱惑我。当看到蛋糕的那一瞬间，我忽然决定放弃了，"前心贴后背"的感觉太难受了，于是去分享蛋糕处领取了一块蛋糕，但当我拿着蛋糕到他跟前时，他竟摇头说不吃，他要坚持禁食。看起来，这小子还真能经得住诱惑。

逛啊逛，把附近几个商场都逛了个遍，看看表，竟然才13:00。我问儿子什么感觉，他说有点头晕，可能是商场的空调太热导致的。问他想不想吃点东西，他说意识里有吃的欲望，但胃里并不是太饿。

回家，不进厨房，倒头就午休。15:30醒来，怎么办？一商量，还是去逛街，就那么没有目的、没有方向地逛吧。只要天亮着，只要门开着，就可以看，就可以试穿，就这样，一晃，就到了19:00。

19:00，回到家，似乎真的坚持不住了，征求他的意见，他似乎很不屑地说：还是坚持吧，要不，前功尽弃多可惜啊。

那一刻，我佩服起儿子来。是的，儿子，面对诱惑，该说不的时候就要说不，坚持一下，再大的困难也能挺过去。那天，当然是早早休息，避免在入睡前看到吃的。那天，尽管艰难，但我们也度过了。

那天，儿子在他的QQ里也留下了点滴感受：

> 我现在不饿！刚开始肯定有抵触心理(现在也有)，但既然是老妈要求的那就照做吧！反正吃得胖也不怕，我有脂肪做后盾！——9:00
>
> 已经有饿的感觉了，我要吃东西(偷偷喝了包酸奶)——13:30
>
> 刚才肚子咕嘟了一会儿，现在已经没有感觉了。估计已经饿过劲了……坚持吧！——15:40
>
> 有点饿，但基本是心理上的饿，而不是身体上的饿，忍一忍，坐等明早吃饭！——22:00

我总是莫名地相信体验活动的力量，相信孩子在参与过程中体验和感受的力量，这种力量要远远地胜于说教的力量。有一种法则是"鱼缸法则"，说是把三寸长的热带鱼养在鱼缸中，不管养多长时间，鱼还是那么长。但如果将鱼放到大海中，只需两个月的时间，三寸的鱼就可以长到一尺。这个法则提醒我们，鱼缸里养不出千斤重的大鱼，想让鱼儿长大的唯一方式是把它放归大海。鱼儿尚且需要辽阔的大海，更何况孩

四、让体验活动成为成长的"场"

子呢？所以说，如果想让孩子健康茁壮地成长，家长一定要给孩子自由活动的空间，而不让他们拘泥于一个局促的"鱼缸"。

但愿，儿子在成长路上参与的一系列体验活动能帮助他一次次跳出局限他的"鱼缸"；但愿，这些体验活动能给儿子留下一些有趣的记忆，并且让他学会坚持，学会担当！

五、当和孩子发生矛盾冲突时

在陪伴儿子成长的过程中,我经常在网上"晒"幸福。朋友看我总是"晒",就问我有没有和儿子发生过矛盾和冲突。其实,矛盾和冲突是父母和子女绕不过去的一道坎。蒙台梭利说:"当儿童可以自己独立行事的时候,成人和儿童之间的冲突也就开始了。"尽管很多时候我在享受养育生命的温暖和快乐,但这种温暖和快乐也是多次"冲突""磨合"后的制衡局面和结果。养育孩子本身就是一个和冲突、磨合、制衡、享受相关联的过程。

在儿子成长的过程中,我和他也发生过多次矛盾和冲突。小学二年级时,他就在卧室窗帘遮挡的墙面上用铅笔写下"爸爸妈妈没心没肺,要有,也是狼心狗肺"的句子。当他写下这句话时,他幼小的胸腔里该有着多么汹涌澎湃的愤怒啊。当时"肺"字他还不会写,但他努力想办法,最后用拼音拼出来也要表达自己的气愤。

尽管发生矛盾冲突时,我们都恨不得拎起对方将其扔掉,但回头张望一下,我还是非常感谢生命中的这些插曲,感谢儿子在成长过程中的某些"反抗"。这些插曲和反抗,让生活多了很多波折,也多了很多乐趣,并且,它还促使我思考怎么做父母,促使我和儿子一起成长。

解决矛盾最好的方式也许是聆听

当父母和子女之间发生矛盾冲突时,大多数父母的反应是生气或愤怒,采用的方式多是劈头盖脸、狂风骤雨式的痛批。动辄发脾气、急于下结论、上纲上线地批评是很多父母惯常的做法。但,遇到矛盾冲突时,只有劈头盖脸、上纲上线地批评这样的处理方式吗?其实,急于发脾气、下结论是不理智的行为,父母要有追根溯源的意识,要思考隐藏在这种行为背后的原因:是啊,孩子怎么了?他为什么要犯错呢?有了这种诊断意识,就有利于打通了解通道,有利于通过表象看到背后的本质。

教育家苏霍姆林斯基在当校长时曾遇到这样一件事。那年冬天,校园的花房里开出一朵很大的玫瑰花,全校师生第一次见到这样大的玫瑰花,纷纷称赞不已。一天早晨,苏霍姆林斯基正在花园里散步,看到一个幼儿园小朋友跑过来把那朵玫瑰花摘下来,拿在手里往外走。

故事讲到这里,我们先思考一下,如果我们看到这一幕,我们会怎么办?也许我们会带着小女孩去找老师,让老师对她进行批评教育;或者把小女孩送回家,把摘花的事告诉她的家长。但,苏霍姆林斯基没有这样做,他弯下腰亲切地问小女孩为什么要摘花,小女孩回答:奶奶病了,病得很重,我告诉她学校里开了这么大的玫瑰花,奶奶不相信,于是我就摘下来拿回去让她看看,等奶奶看完我就把花送回来。听了孩子天真的回答,苏霍姆林斯基又会怎么办?他牵着小女孩到花房里又摘下两朵大玫瑰花，对小女孩说："这两朵玫瑰花一朵是奖励你的，因为你是一个有爱心的孩子，另一朵是送给你妈妈的，她养育了一个你这样好的孩子。"

是啊，这样有爱心的孩子，难道不该得到一朵花作为奖励吗？但如果不询问，我们能猜想到孩子摘花的真正原因吗？作为成人的我们总是按照自己的生活经验或者惯性思维去推测，殊不知，孩子的世界和成人的世界有着那么大的不同。

还有这样一个案例：一个4岁的孩子在幼儿园午睡。有一天，他竟然在床上拉起大便。面对此情此景，老师该怎么办？也许我们首先想到的是暴跳如雷吧。但那天，那位老师很理智，她先给孩子洗干净，然后带他静悄悄地处理现场。处理完毕，老师抱住这个孩子，轻轻地抚慰他，同时也在思考孩子为什么这样做。就在这时，老师怀抱中的孩子说话了，他说："我爸爸不回来了，他坐飞机去很远很远的地方了。"听了孩子的话，老师忽然想到前段时间这个孩子家里发生了变故，她忽然明白了：原来，孩子在用这样的行为来宣泄他对爸爸的思念。

这位老师的做法很值得学习，当一个意想不到的行为发生时，她首先接纳孩子已经发生的行为，倾听孩子的心声，并分析孩子发生这种行为背后的原因。很多时候，孩子自己也会意识到行为的不正确，并不需要说教和痛批。如果那样做只会让孩子看不到希望，甚至学会撒谎。

一个周末，读六年级的儿子逃电子琴兴趣班的课以至于1300多元的自行车被盗。我不知道当孩子丢失贵重物品时，其他父母会怎么做。那天，当看到儿子惊慌失措的神态时，我的第一感觉是心疼孩子。我从他的目光中读出他内心深处的两重折磨：一是对丢失自行车的自责，二是对父母的恐惧。他惊慌的眼神让我忽视了他是过错方,只意识到他是个受惊吓者。所以,我紧紧地搂住他,安慰道:"没事没事,自行车丢了就丢了,只要没把自己弄丢就好。"

是的,"没把自己弄丢就好",做父母的就要这样告诉孩子。当孩子内心充满恐惧时,父母首先要给予孩子的是安全感,父母的言行要让孩子感觉到:不管发生了什么,父母都会和他在一起,父母会永远爱着他。如果劈头盖脸地批评训斥,除了增加孩子的惊恐,并不会有其他作用。

那天,对于如何处理自行车丢失一事,我没有指责,没有训斥,而是帮他积极寻找解决问题的办法,最终听从并支持他的想法:去派出所报案。在我眼里,自行车被盗不是孩子的主观意愿,家长不要批评和责怪;而因为自行车丢失才发现的逃课事件,则成为我们要处理的重点,这是整个事件核心的问题。面对暴露出来的逃课问题,我没有暴跳如雷地批评和训斥,而是静下来听他解释。当得知他是实在不喜欢电子琴才逃课时,我只有一个决定:结束电子琴的学习,绝对不再强迫孩子做自己不想做的事情。事情的处理就这样简单,找到了问题的症结所在,其他的都是末节。

每个孩子都是一个复杂的个体,孩子的外在表现仅仅是冰山一角,做父母的要用心探求孩子行为背后的真正原因。例如对于遗尿症患者,这样的孩子真的是生理上不能自控吗?心理学家不否认遗尿症有脑运动皮层发育不成熟的原因,但心理学家更倾向于这是孩子不安全的心理造成的。阿德勒在《自卑与超越》一书中说:这类孩子多属于被娇惯后又丧失唯我独尊地位的孩子。也许是由于另一个孩子的出生,他们难以再得到母亲的全部关怀。于是，他们用这样的一种行为向母亲发出声音："我还没有你想象的那么大呢，我还要被照顾呢。"他们通常所要达成的目的是：吸引别人的注意，让别人在晚上也像白天一样关注他们。

我们不能用我们的标准、我们的认识想当然地给孩子贴标签。教育家林格说：教师要做律师而不做法官，因为律师始终站在当事人的身边，了解他的内心需求，为他做辩解，捍卫他的尊严。而法官则站在当事人的对立面，用法律的武器来评判当事人。家长也一样，也应该多站在孩子的角度，倾听孩子的心声，思考孩子的内心需求，探索孩子某种做法背后的深层原因。

但，有的妈妈并不这样做。有一次，我亲眼看到一个妈妈在小区门口打孩子，原因是孩子放学后没有及时回家，后来才知道，孩子之所以回家晚，是因为孩子搭乘的三轮车走错了方向，直到孩子喊"再不停就跳车"了，车夫才停下。可是，当听孩子诉说了整个过程后，那个妈妈竟然一边哭一边对着孩子噼里啪啦暴打起来。

我不知道这位妈妈为什么打孩子，我猜测她在借助暴打发泄自己内心的焦虑和惊恐，但整个事件中，孩子有错吗？在那段路途中，他肯定也充满恐惧吧？如果不是恐惧，他能想到跳车吗？当本身就是受害者的孩子又遭受了一顿暴打时，孩子该找谁去发泄？这样成长起来的孩子，会有什么样的心理？

这也许仅是个案，这样的事情不一定经常发生，但当孩子的物品丢失时，大多数父母很难保持冷静，非常容易把怒气转移到孩子身上。其实，这时候父母首先应考虑孩子到底有无责任，让孩子恐惧不是解决事情的根本方法，解决问题的方法也并非只有批评。给孩子最好的爱，就是接纳与尊重：当他们还是婴儿时，我们都能给予无条件的爱；当他们开始构建自我时，我们也要理解并赞许他们的纯真；当他们青春叛逆时，请接纳他们的"极端"，理解他们对父母的疏离。

惩戒，要讲究科学性

张文质老师主张，"温和而严格的教育"是最恰当的教育。是的，教育需要温和，但任何事情都有底线，超越了底线就不能接受，适当而必要的惩戒，也是教育中必需的，这就是家庭教育严格的一面。马卡连柯有一段精辟的论述："我个人相信，惩戒并不真的有那么大的好处，但我坚信下面这样的事实：凡是需要惩戒的地方，教育者就没有权利不惩戒。在必须惩戒的情况下，惩戒不仅是一种权利，而且也是一种义务。"尽管过于倚重惩戒，教育可能走向粗暴，但完全摒弃惩戒，教育也必将"缺钙"。

儿子读小学五年级时，有一天，家里莫名其妙地少了500元钱。经过询问，儿子承认是他拿去了，拿钱的目的是购买游戏卡。爱人一听，一脚把他踹倒在地，抽下皮带朝着屁股抽了过去。

那天，看着孩子一下一下地被抽，我当然很心疼，想去拉，但又不敢。家庭教育中，最怕的就是夫妻不能达成一致共识，截然相反的两种态度会让孩子失去正确判断。那天，为了避免眼睁睁地看着他挨打，我躲进了另一个房间。

尽管很心疼，但有些事就该有底线。一拿就是500元，这也太过分了。我事后问孩子为什么拿那么多钱，他解释说当时很紧张，似乎没有顾得看，从钱包里抽出一点就走了，回到房间一数，才知道拿得太多了，于是那500元钱就成了一个烫手的山芋：花，不敢花；送回去，又不敢送，怕再一次动钱包被发现。几天来，他一直在忐忑中……听了他的描述，我差点笑起来，想到三毛在《胆小鬼》中所描写的那个女孩，于是，我把三毛的那篇《胆小鬼》打印出来，悄悄放在他的床头边。

当然，我知道一顿暴打绝对不会解决根本问题的。孩子"偷钱"的行为让我认识到了他对零花钱的需求，于是，我们设立了零花钱制度，以此锻炼他的理财、自我规划、自我控制的能力。有了零花钱制度，偷钱的事情没有再发生过。事后，我们并没有因为这件事控制儿子上网，很多事越是控制越容易往相反的方向发展，游戏是孩子成长过程中的一种陪伴，父母是拦截不住的。当然，我没有控制，是基于我对儿子的了解，儿子的兴趣很广泛，喜欢体育、音乐、阅读等，有着这么广泛兴趣的人，就能在现实中体验到满足感和成就感，而不会只痴迷于虚拟的网络。

尽管说没有惩戒的教育是缺钙的教育，但我们还必须科学使用惩戒，惩戒也有一定的有效期。依据孩子的认知和身心发育特点，父母要依次做放任型父母、权威型父母和民主型父母。3岁前，孩子还处于无规则意识阶段，在这个阶段，父母不要约束他，让他充分发挥孩子的天性，多了解这个世界，此阶段，父母要做放任型父母；9岁前后，孩子已经有了规则意识，也是性格和习惯养成的关键时期，这个阶段，父母要告诉他什么是对的，什么是错的，如果有了错误行为和习惯要严厉制止，有时候可能要用上惩戒，这一阶段父母要做权威型父母；而14岁后，孩子基本懂事了，而且开始叛逆，父母要做民主型父母，要尊重孩子的想法，有助于他们建立良好的社会关系。也就是说，3岁前，孩子太小,惩戒也无用;14岁后,孩子已经长大,无须惩戒。

科学的惩戒除了把握好惩戒的时间,还要注意惩戒的指向。每个人都带着许多与生俱来的特质而来到这个世上,比如相貌、身高、智商等,在这些与生俱来的特质面前,我们不必过多表扬或批评。夸奖这个孩子长得漂亮,夸奖那个孩子大脑如何聪明,这些都不能让他人去模仿学习。批评也是同样,奚落这个孩子笨,嘲笑那个孩子傻,他们自己无法选择更换大脑或神经。做父母的一定要记住,惩戒只适用于品德或行为上的过错,而不适用于孩子能力的大小,面对那些由能力不足而导致的不理想结果,就不能惩罚孩子。也就是说,我们可以批评孩子的懒散,但不应当指责孩子的智力不如别人;我们可以批评孩子临阵脱逃的懦弱无能,却不要影射孩子先天的多病和体弱;我们可以表扬经过锻炼的强壮机敏,却不必夸奖来自遗传的高大与威猛。如果孩子的成绩不理想,家长就要分析不理想的原因到底是什么,而不是仅仅简单地使用惩罚。总之,惩戒针对的应是错误的行为而不是糟糕的结果。

特别强调的一点是,惩戒过后最忌讳的是"旧事重提"。很多父母似乎是怕孩子遗忘过去犯过的错,总是一而再、再而三地重复提起。殊不知,这一过程中,孩子已由最初对自己错误行为的内疚感发展到对你一而再、再而三的批评的愤怒。

我们要切忌"超限效应"。也许大家都听说过马克·吐温的那个故事。有一次,美国著名幽默作家马克·吐温在教堂听牧师演讲,最初,他觉得牧师讲得很好,准备捐出所有的钱。过了10分钟,牧师还没有讲完,他有些不耐烦了,决定只捐一些零钱。又过了10分钟,牧师还没有讲完,于是他决定,1分钱也不捐。到牧师终于结束了冗长的演讲开始募捐时，马克·吐温由于气愤，不仅未捐钱，还从盘子里偷了2元钱。

马克·吐温为什么最后会气愤？牧师的话无论多么动听多么感人，但如果他一而再、再而三地唠叨个不停，仿佛要把人的耳朵灌满似的，再有耐心的人也会心生厌烦。这种现象被心理学家称为"超限效应"。为了避免"超限效应"发生，做父母的一定要避免"旧事重提"。同一内容反复多次，就会使大脑皮层产生某种抑制，自动关闭其接受系统。也就是说，父母的唠叨有时只是"精神噪声"，起到的作用只能是打击孩子的自尊心和自信心，增加孩子的反感。

惩罚，也可以是有趣的

2011年秋，我们搬了新家，儿子也转到了一所新学校。但每个周末，他仍然要求回原来的家，目的是去找原来的小伙伴玩。对于这点，我理解并支持，这表明儿子是个情感丰富的人。那段时间，每个周末我们都要再回原来的住处，尽管这样让两个家都不像家。有个周末，爱人不在家，我也需要加班，于是就告诉他不回去了。听了我的话，他很不高兴，嘭的一声关上门，自己在房间玩手机。看他这样，我发火了，批评他不体谅妈妈，并没收了他的手机。

第二天我平静下来，把手机还给他，并向他说明：父母平时尊重他，但这次是特殊情况，遇到特殊情况就使性子，这确实让人生气，我的生气不是多余的。我还给他提出一个条件：做一件让我高兴的事弥补一下。经过一晚上的思考，他已想明白他只考虑了自己而没有考虑妈妈，这样的做法是自私的，心里的疙瘩也已经解开，于是很爽快地答应做件让我高兴的事来弥补我。但，做什么事来弥补呢？思考一下，他说："下次考个好名次让妈妈高兴高兴吧？"本想答应他，但想想又拒绝了。因为我要让他知道，他给我带来快乐和高兴的，不只有学习成绩。

于是，我给他解释：生活是丰富多彩的，成绩只是生活的一部分，生活中还有其他更多让我快乐的事情，他还可以有其他更多更好的选择。思考一番，儿子给我列出了几种计划：把妈妈推荐的《基督山伯爵》读完，针对近段阅读围绕王阳明写几篇思考或感悟，每天主动洗碗、收拾房间，周末帮妈妈打扫卫生，周末骑车回老家看奶奶，等等。

听他这样一连串的安排，我忍不住长长地舒了一口气。是的，儿子，你能给爸爸妈妈带来快乐的绝对不只有成绩。惩罚，还可以这样有趣。

让矛盾促进家庭建设

尽管惩戒是必要的教育方式，但我们还是要慎用惩戒。苏霍姆林斯基说："假如孩子体验到体罚的可怕和震惊，那么，在他的心灵里，那种内在的、自身天赋的、作为自我教育的力量就减弱了。"美国儿童教育家海姆·吉诺特说："惩罚不能阻止不良行为，它只能使罪犯在犯罪时变得更加小心，更加巧妙地掩饰罪行，更有技巧而不被察觉。孩子遭受惩罚时，他会暗下决心以后要小心，而不是要诚实和负责。"这话有一定道理，受过惩罚的孩子往往会认为：我已经受到惩罚，已经可以抵消我的过错了，我再犯一次又能如何？最多再受一次惩罚。

真正的教育不是只靠外在的约束，不能让孩子生活在被惩罚的恐惧中；真正的教育要唤醒孩子内在的自觉，让孩子建立自律自主的内在世界。这样说来，以失去孩子自我教育为代价而求得表面的服从有时是得不偿失的，当动辄用批评和拳头来解决问题时，批评和拳头也会很快失去力量。

从另一个角度说，当父母和孩子之间发生矛盾冲突时，并不一定全是孩子的错，很多时候恰是父母考虑不周全或者思维不开阔。所以，当发生矛盾和冲突时，做父母的也要进行反思，要认真审视和思考怎样更好地理解一个生命，温暖一个生命。很多时候，是矛盾和冲突逼着我们思考，是孩子教会了我们怎么做父母。

我和儿子发生过一次冷战。以往，他的朋友来了，我都会热情地接待，唯恐儿子在朋友面前没面子。但那段时间，当我的朋友到家里时，儿子的表现让我有了一丝不快：朋友来了，儿子一般是打声招呼就回了自己房间，朋友走时连个送行也没有。再者，暑假正是升学的时机，很多好消息也蜂拥而至，有朋友的孩子去瑞士做交流生了，有朋友的孩子申请去美国宾州大学读博士了……听到这些信息，我总会抑制不住自己的高兴，第一时间分享给家人。但那天，当我说起某朋友的女儿要去美国做交流生时，他一脸的不高兴，绷紧脸对我说："妈妈，我最怕的就是你说这些，你知道我有多大的压力吗？"

天哪，这句话是我绝对想象不到的。看着他生气的脸，我真的很委屈，我只是在替朋友高兴，绝对没有给他施加压力的想法。但站在儿子的角度想想，他的感受似乎也有道理，他可能觉得妈妈是在借别人的孩子影射他、告诫他，但我真的没有这样想。总之，一句毫无伤人动机的话语竟然伤了人，这是哪里出现了问题？我没有错，儿子也没有错，但问题就是出现了，那是哪里出错了呢？想一想，是沟通出现了问题。尽管我们平时的交流也不少，但很多时候都是他在说我在听，或者我在说他在听，具体针对某一事件的争执并不多。思考再三，我决定制定一个明确的"家规"，借此让一家人达成共识。一番商讨后，我们家的《家庭规则》出炉了。

家庭规则

1.有朋友到家来访，家里每个人都有热情迎接和欢送的义务。例如，孩子的朋友来了父母要热情，父母的朋友来了孩子要热情。

2.尊重家人的劳动成果，要对家人付出的劳动表示表扬和认可。例如辛辛苦苦做出的饭菜和打扫好的卫生等。

3.每人在家里既有权利又有义务，不能只记得一个方面而忘记了另外一个方面。例如，一方有陪伴对方吃肉的权利，也有陪伴对方减肥的义务。

4.每人都有对其他成员提意见或建议的权利，但态度要平和，不能带情绪，对方有表示不接受的权利。例如，儿子有对父母提意见的权利，儿子也有对父母的意见说"不"的权利。

5.做出的承诺要兑现，不能无故反悔。例如零花钱制度要落实到底，不能推迟或拖延。

6.自己的事情自己做，不能事事依赖别人。如果对方愿意主动承担则另当别论。

7.生活提倡节俭，但不能因此忽略精神层面的需求，要过高质量的精神生活。

8.严格执行健康良好的作息、饮食制度，身体是自己的，也是家人的。例如23:00前一定要休息、远离垃圾食品等。

9.相处提倡包容精神，但如实在不能包容，允许爆发和发泄，甚至允许不讲理，但，发泄完毕，要给对方主动道歉。

10.家是放松的地方，所有的不愉快和委屈都可以在家里倾诉或发泄，其他人要表示认同和理解。

11.家人要相互关爱，爱发自内心，但也要有言行表达，让对方感受到爱。

12.让家人因为自己的存在而幸福。

在这里，我对第4、6、7、9、10、11条做些解释。第4条是"每人都有对其他成员提意见或建议的权利，但态度要平和，不能带情绪，对方有表示不接受的权利……"设定这条是想告诉儿子：家不是爸爸妈妈的家，不是只有爸爸妈妈才有话语权，他有想法有意见可以直接表达，多沟通多交流才能相互理解。

第6条是"自己的事情自己做，不能事事依赖别人。如果对方愿意主动承担则另当别论"，设定这条是想营造一个既自力更生不依赖别人而又有人情味的空间。例如，按照家规，儿子的房间应该自己整理，如果妈妈心血来潮，主动去帮儿子整理房间，那也未尝不可，但儿子要知道感谢，因为这本是他的责任。

第7条是"生活提倡节俭，但不能因此忽略精神层面的需求，要过高质量的精神生活"，这条规则是想让家人达成"既节俭又不影响生活质量"的共识。平时的生活要节俭，要区分开"需要"和"欲望"，不过铺张浪费的生活，但人不能只生活在物质世界中，在物质需求得到基本的满足之后，精神质量决定了生活的质量，对于营养精神的大餐，例如看场电影，听场音乐会，或者花费一笔不小的款项去看场球赛，都不能因为节俭而忽视或省略。人，需要偶尔的浪漫和奢侈，这也是生命因之有趣和值得眷恋的内容。

第9条和第10条分别是:"相处提倡包容精神,但如实在不能包容,允许爆发和发泄,甚至允许不讲理,但,发泄完毕,要给对方主动道歉","家是放松的地方,所有的不愉快和委屈都可以在家里倾诉或发泄,其他人要表示认同和理解",这两条的核心目的是想让家成为一家人倾诉的地方,哪怕是发泄,其他人也要接受和认可。生而为人是不易的,工作上的压力、学习上的负担、人际关系上的纠结等都会形成负面情绪淤积在内心,人需要倾诉,需要清空,但去哪里清空和倾诉呢?这条规则提醒家人:家是你最后的、永远的港湾。同样,如果家里有人倾诉,其他人一定要理解,给情绪一个出口,也许就多了很多出路。

第11条是"家人要相互关爱,爱发自内心,但也要有言行表达,让对方感受到爱",这条主要是针对儿子的木讷而设定的。很多时候,我主动给他示好,发条短信说"麻麻(妈妈)爱你",但他的回复一般是"嗯,我也是",那一刻,我感觉甚是无趣。所以,在家规中,我直接提出,爱对方要有语言和行动,爱,就要大声说出来!

总之,因为遇到一次矛盾冲突,我们又很好地进行了一次家庭建设,还好,通过家规,一家人至少在某些方面达成了共识。家庭环境很重要,尽管它具有隐蔽性和无意识性,这隐蔽的、无意识的家庭环境,能让人在不知不觉中受到影响,所以,想培养一个什么样的孩子,父母就要营造一个什么样的环境。

换个角度,矛盾也许便不再是矛盾

在父母眼里,似乎所有的矛盾和冲突都源于孩子的反抗,父母总认为如果孩子不反抗，矛盾和冲突就会减少很多。其实，在陪伴孩子成长过程中，父母要科学地认识孩子的"反抗"。心理学家曾做过一个实验：从2至5岁的儿童中，挑选出"反抗"程度较强和几乎看不出"反抗性"的儿童各100名，对他们进行跟踪调查。结果发现，在"反抗性"较强的100名儿童中，长大后有84人意志较坚强，有主见，有独立分析、判断和解决问题的能力；而在"反抗性"较弱的100名儿童中，只有26名意志比较坚强，其余的人遇事不能独立承担任务，不能独立做出决定，不能独立处理问题。有人说：儿童不服从或者对成人发脾气，是因为儿童出于成长需要而进行的对生命活动的捍卫。这样说来，"反抗"是有着积极意义的，这是生命独立的体现方式之一。

是的，很多矛盾冲突的起因并不一定源于孩子。就拿孩子撒谎来说吧，对父母来说，孩子撒谎就是天大的错误，但，换个角度想想：孩子为什么撒谎？他一开始就在撒谎吗？想想这些，问题也许恰恰就在成人身上。

在儿子成长过程中，他也有过撒谎的经历。那个周末，他说要去练吉他，但他下楼时，我总觉得他怪怪的，我的第六感提醒我他有问题，于是便站在窗口往下看。果然，他好长时间才从楼道里走出来，我很疑惑，他在楼道里待这么长时间干什么？从头到脚打量他一番，发现他换上了足球鞋。我趴窗户边问他为什么换足球鞋，他怔了一下，解释说足球鞋不一定非得踢球时才穿。他这话一出，我就知道他撒谎了，因为他的足球鞋只有在踢足球时穿。但，他在楼下，我在楼上，大声质问肯定影响不好，所以，我也就暂且信了他的话，给他道了声"再见"。

那天回来后，他主动道出了实情：同学相约去踢球，但他怕妈妈不支持才说去练吉他的。为了蒙哄我，他提前把足球鞋拿到地下室，背着吉他出发时又到地下室换上足球鞋。哦，原来就这么简单，他撒谎是因为担心我不让踢足球，那么，这个谎，该怪谁？只怪孩子吗？不，这至少说明我没有取得孩子的信任。听了他的解释，我马上表态：周末是属于他的，他有权利自由支配，想踢足球就去踢足球，想练吉他就去练吉他，告知妈妈即可，没有必要偷偷摸摸。

这件事就这样过去了。在我眼里，这根本不算错误，如果算的话，首先反思的应该是自己平时是否太武断，以至于孩子不敢说真话。很多时候，把心放宽些，有些问题真的不是问题，即使被老师"叫家长"。

被老师"叫家长"，一般来说是比较严重的事件了。高二暑假前，儿子被"叫家长"了，原因很简单，班级规定不许带手机进班，但他带手机进班了。

手机是把双刃剑，网络和手机的出现是科技的进步，是时代的发展，是任谁也阻止不了的。尽管这样认为，但在一个有着不同性格、爱好的孩子组建的班集体里，不让带手机我也很能理解。对于班级的这一规定，我一向是支持的。

那天，儿子带手机被老师发现了，老师电话通知我马上到场。我到后，听儿子给老师解释：这几天天阴沉得厉害，他怕下暴雨时爸爸妈妈联系不到他着急……我莫名地相信儿子说的是真话，尽管在家时他并没有告诉我。那天，我既没有迎合着老师批评儿子，也没有为儿子开脱，只给老师解释儿子的手机很旧，只能接打电话，老师不必担心他用手机上网。后来，老师询问怎么处理手机，我仍然不语，任儿子做选择，他怎么选择我都没意见。

那天，在老师办公室，我既没有严厉地批评孩子，也没有重复老师的话语再次批评，整个过程，我只是礼貌地倾听。最后，老师和他谈完话，我也回家了，整个过程中，我似乎只是事件的一个见证者。回家的路上，我一直在想：对和错的标准是什么？很多时候，"我喜欢你的这种行为，不喜欢你的那种行为"，这并不表示"我"是对的，"你"是错的，那只是表示个人的喜好而已。

把心放宽些，有些问题便不是问题，有些矛盾便不是矛盾。父母也是凡夫俗子，有个人的情感和偏向，也有自己认识上的局限，既然这样，那么，我们有什么权利要求孩子全部服从呢？

我看过这样一个故事，讲的是一位7岁的女孩儿特别爱动。上下楼梯时，小女孩常常是把胳膊搭到楼梯扶手上，努力用胳膊支撑着向下溜，她觉得这样很有趣。但妈妈不允许孩子这样做，说楼梯扶手不干净，会把衣服弄脏磨坏。后来，妈妈失去了耐心，大发脾气。尽管妈妈发火了，尽管孩子当着妈妈的面不敢那样做了，但，孩子还在找各种机会偷偷地那样下楼，衣服袖子下面依然是脏脏的。如果遇到这样的问题，该怎么办呢？

我们首先要思考孩子为什么这样做。其实，孩子只是好奇心强、感觉那样好玩而已。如果妈妈能站在孩子的角度上想一想，找来一块抹布，把楼梯扶手擦干净，只要保证安全，孩子想尝试一下就尝试一下吧。坚持一段时间，孩子的好奇心肯定能得到满足，她的兴趣会慢慢减小，终止于无。这样说来，换个角度思考，很多问题便不再是问题。

有一次和朋友外出，我一下高速就给独自在家的儿子打电话，告诉他我马上到家。朋友不解，问为什么不悄悄回家，看看他在家干什么。

我笑了，解释说："我不想当警察，告诉他我马上要到家了，是想让他收拾一下残局。例如，如果正在打游戏而又不想让妈妈看到，那就快点结束了这一局；如果有女同学在家也不想让妈妈看到，那就给他点时间把女同学送走；如果把家里搞得一片狼藉，他还可以收拾一下……"是的，给孩子一点面子，让他有点自己的空间，允许他在他的年龄做点他想做的事情，父母的眼睛不能一直盯得死死的。

父母要做理性父母，要学会站在孩子的角度去看问题。即使暂时不能站在孩子的角度思考，也要采用"缓处理"的方式，先把问题放一放。很多时候，把问题放一放，很多看似矛盾和冲突的问题就不再是问题。很多事情原本就会自生自灭，把心放宽，只要在设定的底线之上，能睁一只眼闭一只眼就睁只眼闭只眼吧。

当又一次和儿子发生冲突后，我给儿子写下这样几句话，悄悄放在他床头：

1.每个人都会犯错误，犯一次错误没什么，不要太放在心上。

2.做事情前要学会三思，大的事情和决定尽量和爸妈商量。

3.犯了错误，要受到惩罚，但惩罚不是目的，吸取教训以后改正才是目的。

4.在你成长的路上，爸爸妈妈一直守护在你身旁，无论是风还是雨，我们都一起扛。当你犯了错误的时候，爸爸妈妈是帮助你的，我们要紧紧站在一起，共同面对你的错误和缺点。

如果父母错了

我们必须承认一个事实，父母批评错孩子或者无端对着孩子发火，把孩子当成出气筒、替罪羊的事情时有发生。QQ空间里，一个好友曾写过这样一段记录："心情不好，冲孩子发火了。细想起来，她成出气筒了。中午接她的时候，我观察她神色，她眉飞色舞的，呵，看样子早忘记了出门时挨的莫名其妙的那顿臭骂。模拟考试成绩公布了，比她预料的高一点点，她得意地在我面前显摆。说母亲胸怀宽广，其实孩子也一样的，被骂，一会儿就忘了。"这条记录引起了几个人的反应，有个妈妈说："我家孩子也一样，很不记仇的，只是，我们为什么要拿他们出气呢？"好友回复："我们都是普通人，失去理性的时候就做错事了。"看到好友承认自己做错事了，我就追问一句："当你知道自己做错事的时候，为什么不给孩子一个诚恳的道歉呢？"好友回复我说："有时我会觉得她既然已经当小事忘记了，也就不必提了，提了又反而强化记忆。"我回复她："我觉得不对，坦诚地道歉，不是为了强化记忆，而是让孩子明晰是非。"

是啊，当知道自己在孩子面前的某种做法不妥的时候，我们为什么不给孩子道歉呢？父母不是"圣人"，蒙台梭利在《发现孩子》一书中说："我们不必在孩子面前扮演完美无缺的人，也不必要求自己每件事都做得十全十美。相反，我们需要的是审视自己的缺点，虚心接受孩子公正的观察和批评。"做父母的，不要利用自己做父母的权利去搞特权。闺密的孩子这样对我说："我打碎一个碗，妈妈会把我过去犯的很多错误都说一遍，暴风骤雨地批评一顿。可妈妈打碎一个碗呢？她总会说：'别说了，别说了，不就打碎一个碗吗？'"

原来，做父母的都会轻易原谅自己的错误，而牢牢记着孩子的不足。所以，我想说，如果父母在孩子面前做错了什么，做父母的一定要及时给孩子道歉，真诚地给孩子说一声对不起。这不是丢脸的事情，而是为了让孩子明辨是非，促使他更好地成长。

张文质老师主张，"温和而严格的教育"是最恰当的教育。"温和"让人心灵舒展，适于人的成长；"严格"貌似坚硬，但是为了彰显规则和底线。这样说来，当父母和孩子发生矛盾冲突时，父母一定要思考问题的根源在哪里，该温和就要温和，该严格就要严格。相信所有的父母都爱孩子，但我们要清楚，我们爱的是孩子本身，而不是孩子的表现。只有清楚了爱的本质，我们才能无论什么时候都坚定地站在他的身后，适当引导，及时改变，陪着那个小生命一起成长。

孩子的一生，看起来那么地遥远，但是细数起来，我们又能有多少时间陪伴在孩子的身边呢？

六、一波三折的音乐之路

我和先生都属于五音不全的人，也从未奢望过儿子能在音乐方面有什么特长。但很多事情往往出人意料——儿子竟然特别喜欢音乐，音乐竟然成了他的特长。高中阶段，他已能熟练演奏葫芦丝、吉他、电子琴、巴乌等四种乐器。一张十级证书能够证明儿子的演奏级别，但儿子对音乐的喜欢以及音乐给他带来的快乐却没有证书能够证明。如果说科学让人避免无知，那么艺术就能让人活得有趣，每当看到儿子抱着吉他边弹边唱时，听着儿子那浑厚而富有磁性的声音，看着儿子和音乐融为一体的陶醉的神态，那一刻，做妈妈的真的很欣慰。

在儿子上大学之前，我这样表达我对他大学生活的期许："大学是一生中精力最充沛的阶段，妈妈希望你大学四年能充实起来，妈妈允许你中学时代轻松，但大学必须抓紧，在体育和阅读方面必须有大幅度的提升。"当时他没说什么，但两天后，他一本正经地对我说："妈妈，我给自己做了一个规划，大学四年，我要把'二十四史'通读一遍，还要学会10种乐器。"阅读方面似乎不用说了，我相信儿子对书籍的喜

六、一波三折的音乐之路

欢，相信他能说到做到。但音乐方面，他怎么想到学会10种乐器呢？他要学会哪10种乐器呢？细问才知，除葫芦丝、吉他、电子琴、巴乌外，他又对口琴、手风琴、架子鼓、贝斯等乐器有了兴趣，并决定大学期间慢慢学起来。

看着儿子谈论音乐时的兴奋，我真怀疑上天把我和先生身上的音乐天赋偷偷扣留下去，现在一并还给了儿子。我感到很欣慰，莫名地相信，一个人有了爱好，他的人生即使差也差不到哪里。咖啡需要伴侣，灵魂更需要伴侣，一个人的生活质量很大程度和业余时间的质量有关。当一个人有了健康的生活情趣和爱好时，他会用这些美好的、健康的内容去填充业余时间，这样的人生大多充实而有趣。

对于音乐，儿子是发自内心的喜欢。高二暑假，他依然坚持去吉他班练习，以至于吉他老师认为儿子高考要报考音乐专业。当然，老师也鼓励他报考音乐专业，但儿子谢绝了，他说："音乐只是我的爱好，我不会把它当作谋生的手段。"也好，当爱好和谋生放在一起时，也许爱好就失去了它应有的美好。那么，儿子是怎么走向音乐这条路的呢？这还要从小学一年级说起。

音乐老师的无心插柳

上小学前，儿子基本没有接触过音乐。上小学了，儿子遇到了一个特别喜欢他的音乐老师——姬艳玲老师。当时我们和姬老师住前后楼，姬老师家常有喜欢音乐的孩子学习电子琴。不知是姬老师的慧眼发现了儿子的潜力，还是她想表达对儿子的喜欢，反正那天她对我说："让你家儿子跟我学电子琴吧。"听姬老师这样说，我欣然应允。一方面因为来去方便，无须接送；另一方面，我猜想儿子应该喜欢那个有音乐、有同伴的地方，当儿子发现他的手指可以让不同的按键发出不同的声音时，他肯定会有创作的惊喜吧。这对一个小不点来说，应该是个不小的收获。最初，我只想让他周末有个好玩的去处，但现在看来，那次选择那样重要，竟然给儿子打开了一扇通往音乐的门。

那段时间是怎么学习的，我似乎全都忘记了。只记得两年后，姬老师考取了研究生要去读书了，这时，一个问题摆在了我们面前，是再寻找老师接着学下去还是到此结束呢？征求儿子的意见，他似乎已经喜欢上了那些黑白键的声音，他愿意继续坚持。看他愿意坚持，我当然也高兴，他总算有了自己的坚持和爱好。于是，我们便又开始寻找其他合适的老师，四处打听一查，选定了鲁军海老师。

不期而遇的"移情别恋"

鲁老师果然技高一筹，没几次，儿子似乎就被他吸引住了。后来，鲁老师的兴趣班更换了好几个地点，最远的地点距离我家5公里，但无论再远，儿子始终是"不离不弃"。每到周末，他都会骑着他的小自行车，奔波在家和音乐之间的路上。现在想想，支撑小屁孩穿过这长长距离的，该是内心多少的喜欢啊。只是在这期间，儿子的学习内容发生了一个离奇的转变：他从电子琴改成了葫芦丝。

原来，鲁军海老师除了教电子琴，还教钢琴和葫芦丝。在耳濡目染下，儿子竟然"移情别恋"了——喜欢上了葫芦丝。问他最初怎么喜欢的，他说，鲁老师吹葫芦丝时陶醉的神态吸引了他。因为喜欢，所以他擅自更改了学习内容，跟着老师学起了葫芦丝。当我知道他已更换了学

六、一波三折的音乐之路

习内容时，时间似乎已经过去了半个学期。得知这个消息，我当然很不高兴，不甘心学了几年的电子琴就这样被终止，于是便给他提出要求：葫芦丝可以学，但电子琴不能丢。在这样的要求下，儿子只有答应，一边学葫芦丝，一边学电子琴。但，后来发生的一件事情，彻底让电子琴的学习"寿终正寝"了。

那是他11岁的一个周末。那天本是电子琴练习时间，但他走后不长时间便慌里慌张回来了，一进门就惊慌失措地告诉我：自行车丢了。听他这样说，我很纳闷：兴趣班在一个很安全的院落内，自行车怎么会丢呢？细问才知，他逃课了，在外面玩得太投入，以至于自行车被人偷走都没有发现。理所当然，"自行车事件"发生后，电子琴的学习也就正式"寿终正寝"了。事情发生后，我进行了反思和自我批评：如果儿子表示不想学电子琴时我不逼迫他，如果我不是死守着"坚持到底、不能中途放弃"的态度来逼迫儿子，儿子就不会逃学，丢自行车这件事情就不会发生……看来，在孩子的成长过程中，家长一定要尊重孩子的想法，千万不能只按照家长的意愿一意孤行，真正的学习需要孩子自己完成，一味地逼迫带来的可能就是两败俱伤。

吃一堑长一智，有了丢自行车的教训，我静下心询问他是否愿意继续学习葫芦丝，他的态度很坚决：学。看得出，他是真心喜欢。也许正是因为这份喜欢，当后来兴趣班搬到5公里之外时，他仍然坚持骑着小破车快乐地奔波着，从来没有逃过课。

现在，每当我好奇地问他为什么喜欢葫芦丝时，他总是幽默地回答我："要知道这个答案，你先说你和我爹是怎么互相喜欢的呗。"原来，他想表达的意思是：喜欢就是喜欢，无须理由，就那么一眼，就喜欢上了。

现在，儿子常说，他脑海里有一幅美好的图画，就是他和鲁老师合奏葫芦丝的场面。他说，他们一大一小两个男人并排站着，对着一个谱子吹，鲁老师吹到兴致时，总是摇头晃脑，于是，儿子也开始模仿着摇头晃脑，一副陶醉、投入状……

2010年暑假，儿子参加了葫芦丝十级考试并顺利过关。按理说，考试过关后，业余学习就已经结束，似乎证书拿到手，学习就该结束了。但儿子不是这样，周六仍然坚持去兴趣班，开始练习专业曲子。后来，鲁老师的招生规模扩大了，他就主动当起了小助手，煞有介事地指点那些刚入门的同学。再后来，老师坚持不收他的学费，再加上他又开启了吉他学习之路，也就慢慢淡化了葫芦丝的学习。一直到现在，提起鲁军海老师，儿子就会说："什么时候去看看鲁老师去，还真想他呢。"长大的儿子不善表达情感，现在能直言"想"鲁老师，这应该是给鲁老师的最高评价了吧。

一见就"爱"上的吉他

葫芦丝十级考试结束后，他又瞄上了吉他。看他对吉他感兴趣，我也很高兴，谁没有"吉他情结"呢？背着吉他，带着相机，穿着泛白的牛仔装，和一个人手拉手看一路风景，走一路浪漫，这是多少少女心中美好的梦啊！看儿子有兴趣，我理所当然支持。于是，一拍即合，我们开始寻找合适的老师。

就这样，儿子音乐道路上的第三位重要的人出现了——王辉老师。2010年暑假，当儿子在王老师的吉他学习班试学一小时后，他就通过

六、一波三折的音乐之路

电话向爸爸宣告：他已经"爱"上吉他了。天哪，他用的词语竟然是"爱"上了。就这样，试学结束时，两人直接购买了吉他。记得当时看他们背着吉他回家，我还惊喜地问："试学还送吉他？"这一问让一大一小两个男人狂笑不已，儿子就用这样"闪"的节奏表示：学吉他的路他已经定了下来，没有再犹豫的必要了。

王辉老师的学习班不采用大班教学、齐头并进的方式，而是逐个辅导，逐个过关，不论学习时间长短，什么时候把某一级别的曲子学完，学习任务就算结束。这个方法很好，学得快的孩子不必等学得慢的孩子，学得慢的孩子也不必追赶学得快的孩子，不管学得快还是学得慢，都可以按照自己的节奏往前走。允许孩子按照自己的节奏往前走，这就避免了出现学得快的"吃不饱"、学得慢的"消化不了"的现象。不知是儿子真有音乐天赋，还是前面的葫芦丝学习为他打下了基础，总之，一个半月，他就学完了初级班的全部内容。

就这样，儿子开始在吉他之路上阔步前行，即使初中毕业前，他也坚持每个周末练习一下午。当然，他弹奏得也越来越像模像样了：低沉的男中音，忧郁的神态，舒缓的曲调，看着就让人痴迷！

2012年暑假，儿子参加了河南省吉他协会举办的"星艺杯"吉他大赛，最终以93.7分的成绩斩获中学组冠军。比赛结束回到家时，他背上背着比赛用的吉他，怀里除抱着证书和奖杯外，还抱着奖品吉他。看他"左搂右抱"，怀里满满的，我责怪先生不帮儿子，孰料儿子说："不是爸爸不帮我，是我没让爸爸帮，因为这是我的收获。"哦，原来，他在用这种方式来表达他的激动，来表达这一切都是他的……

那天晚上，我们围绕着他的"冠军"聊了很多。儿子肯定地说，尽管取得了冠军，但音乐只能是他生活的调剂品，他不会走专门的音乐之路。看他淡定的神态，我又吃了一惊：在我面前的，哪里还是一个小屁孩啊，这分明就是一个有思想、有主见的大男人了啊！不管他走不走音乐的路子，我都坚定地相信，这所有的经历都是他的一笔财富，这所有的一切最终都将汇成一个丰富而有内涵的人！

上高中后，他的学习紧张了起来，投入到吉他上的时间少了很多，好在暑假里，他还坚持挤出时间练习，并和有相同爱好的同学组建了乐队。高三元旦联欢会回到家，他急切地告诉我他的嗓子哑了。原来，元旦联欢会上，当他们的乐队上场时，整个会场都沸腾了，这沸腾的场面当然激励了他，于是，他用出了吃奶的力量，要不，怎么会把嗓子喊哑呢？也好，高三，总算还能歇斯底里一次。

现在，每当看到儿子抱着吉他边弹边唱陶醉其中时，我都好生羡慕，总觉得这样的生命才是完整的、有趣的……那一刻，儿子陶醉于音乐中，我陶醉于他陶醉的神态之中！相信音乐的力量，总觉得音乐能像清泉一样流淌进生命，滋润、营养生命。在生命中种植下音乐的种子，人就有了抒发和释放的渠道：当他高兴时，他可以引吭高歌，用伴着节奏的律动来表达自己的喜悦；当他郁闷时，他可以借一首曲子驱逐孤单，让郁闷随着曲子缓缓飘散……总之，音乐是一个输出和释放的通道，是一个排遣内心复杂情感的通道。

庆幸，儿子喜欢音乐，不，热爱音乐。我期盼，这种热爱他能保留一生！

七、成长日记——母子之间的一座桥

比起同龄的孩子，儿子淡定、从容，遇事有主见。初中时，老师对他的评价是"大气"。高中时，他和同学组织体育活动，大家不约而同地都等着他来做最后定夺。对于老师的评价和同学的认可，我深深认同并由衷地高兴。

从牙牙学语的小毛头成长为淡然自若的大男孩，这中间，我们穿越的不只有光阴，更是经历了一个又一个事件。儿子年幼时，习惯写日记的我很自然把儿子当成了记录的主角，和他有关的鸡毛蒜皮都被我记录了下来。例如，我们去田野挖野菜，当我回答不出他的疑问，不知道野菜是什么名字时，他脱口而出的"这野菜不是名牌的"；去饭店就餐，看最初上的都是凉菜时，他脱口而出的"饭店把我们的肚子当成冰箱了"；当我用力打一个喷嚏，致使他忽然顿悟出"妈妈……我是你打喷嚏时喷出来的"……当这些有趣话语从他口中迸溅而出时，我都会把它们当作珍宝记录在日记本上。后来，他长大了，开始关心妈妈了，下雨时竟然冒雨给妈妈送雨伞……对于这些独属于他的事件，我都会认认真真记录下来。最初记录时，我选定的材料是"有趣"，我要把这些趣味留下来，为他的成长留下一抹痕迹。但没想到，当这些文字写出来后我才发现，这些文字不仅是一个成长的记录，而且成为了我和儿子之间的一座重要桥梁。

记录，起到引领和强化作用

文字具有特殊的力量，在书写日记时，我肯定会表明我的态度或观点。殊不知，我或鼓励或反对的态度，竟然帮助他明白了某些事理，起到了一定的引领作用。

有一天忽然下起雨，在学校开例会的我接到刚上小学一年级的儿子的电话，说要给我送雨伞，尽管我再三拒绝，但固执的他还是拿着伞推开了会议室的门。那天，我非常感动，当天晚上写下《春雨中的惊喜》并把文章发在博客上，这篇文章引来诸多博友的夸奖。后来，这篇文章在报纸上也发表了。就这样，因为文字，这个事件被反复提起，这当然就是一种强化。我记得很清楚，那个春天，儿子最爱问的一句话是："妈妈，怎么还不下雨啊？"

当然，我知道他为什么要这样问，他肯定期盼再有给妈妈送雨伞的机会，尽管不能说这个结果全是那篇文章的作用，但也不能说没有那篇文章的作用。是的，如果当时仅仅口头表扬了一番，也许他过一阵子就忘记了，而当故事变成了文字，他就可时时看到，这无疑是一次又一次的正面强化和引导。在这强化和引导的过程中，关心妈妈的准则也刻在了儿子的脑海里。

记得有一年中秋节回老家，公路上晒满了收获的粮食，为防止粮食被碾轧，农民在晾晒的粮食旁边摆放了很多砖块或木头。在这样的路上行走，很多时候我需要下车清理路障。第一天经过了这样的折腾，第二天再去婆婆家时，我询问我是否可以不去，但没等先生回答，儿子就发表看法了："不行，回老家看奶奶是你的义务。"

这句话我一点也不陌生，因为"回家看奶奶是你做孙子的义务"是我常对儿子说的一句话。平时回老家，天性爱动的儿子都会在老家压水机旁忙个不停，写日记时，我会记录下来，并称赞这是他热爱劳动、孝顺奶奶的表现。文章中，我也多次强调，回老家不仅是好玩，更是做孙子的义务。有了这样的引导，儿子慢慢地有了这样的认识：让奶奶因他而高兴是他做孙子的义务和责任。有一年婆婆过生日，儿子上课不能回家，思考一番，他竟然说让我们先回去，他放学后骑自行车回去即可，听他这样说，婆婆感动极了。儿子能这样孝敬奶奶，也许就有文字导向的功劳。是的，文字绝对不只是干瘪的，它携带着书写者的气息，成为书写者思想和观点的载体。这样说来，文字记录对儿子起到引领作用也就不足为奇了。

每年生日，我都要给儿子写下一封长长的信，既有对他的祝福，也有对他的期盼。升入高中后，我给他的信多了起来，因为长大的儿子已经有了自己的思想，我要利用这种特殊的方式和儿子交流。高中报到前，我给他写下《如果高中遇到"爱"》，试图引导儿子建立健康的恋爱观；有一段日子，我因为工作繁忙而极度劳累的时候，我给他写下《人生要学会说"不"》；填报志愿时，我又写下《为就业还是为梦想》；十八岁生日时，我为他写下《十八岁，我对你说五句话》；踏进大学校门前，我又为他写下《让自己成为一个有光的人》……

我承认，我是个精神唯上者，截至目前，我已经为儿子写下30万字的成长记录，这其中，有欢笑，也有泪水，有夸奖，也有抱怨……不管是什么，我相信，这些必将成为我和儿子共同的财富。

交流，促使个性得到发展

　　成长日记除了让儿子明白一些为人处世的准则，还让儿子有了个性发展的意识。

　　小学毕业前夕，班主任询问儿子是否参加英语辅导班。想到英语学科在初中的重要性，我不假思索地答应了。但当我把这一决定告诉儿子时，他呆了一下，小脸紧绷着，郑重其事地对我说："妈妈，学习是我的事情，你征求我的意见了吗？"听他这样质问，我呆住了，这是儿子第一次跟我说"你征求我的意见了吗"。儿子的质问让我有了诸多感慨，我强烈地意识到他在成长。那天的日记，我当然要记录下这件事。也许，他最初表达时，只是在强调他不愿意参加辅导班，但当我把这个事件记录下来，并在记述中阐述父母要尊重孩子，要允许孩子对家长说"不"的态度后，他可能才知道：原来，妈妈的决定并不是都必须听从的，他也可以有自己的观点。

　　后来，儿子总表现出一种思考状，很多事情都有自己的看法，也都能做出自己的决定。例如他喜欢音乐，但能明确地认为音乐只是爱好，而不是谋生的手段。2008年，我有了去省城郑州工作的机会，当我异常高兴地告知他这一消息时，他问的却是"爸爸去不去"，当得知爸爸不去时，他说什么也不同意。他说：对于他来说，什么都没有爸爸重要，无论去哪里，一家人都要在一起，爸爸不走，他也绝对不去。那次，他表现得很固执。看他执意不肯，我们也尊重了他的选择：放弃去省城的机会，一家人安安稳稳地待在这个小城。

现在，长大的他更有自己的主见：穿衣方面，他基本不挑剔，但他不喜欢的衣服，一次都不会穿。在这个方面，我尊重他，我宁可闲置一件新衣服，也不会强迫他去穿，因为他之所以是他，是因为他有他的选择和判断。假期是否去游玩、去哪里游玩，周末如何度过等，我一般都征求他的意见，他可以按照他的想法度过。2015年，儿子因数学抄错数字导致高考成绩比往常低30分，尽管也高出一本线72分，最后被一所"985"院校录取，但他总觉得有遗憾。经过几天的考虑，他坚定地选择了复读。我和先生也尊重儿子的决定。

我经常在日记中写这样一句话："成长是孩子自己的事情，做父母的只是陪伴而绝对不能代替，长长的路终要由他自己走，所以，对于孩子的很多决定，做父母的应该尊重。"这样的文字以及文字背后的态度，对儿子的个性成长应该是一种鼓励和引领。

成长，就这样不期而遇

儿子一天天长大，随着他一起成长的，还有那日渐丰厚的日记。在这一过程中，说不清是他的成长伴随着日记，还是日记伴随着他的成长。在这一互相陪伴的过程中，他的责任心慢慢被培养出来了。2009年的《半夜"车"叫》记录了这样一件事：夜半暴雨，新买的车在楼下鸣笛不止，先生又偏偏出差在外，车盲的我打开窗户朝着汽车的方向胡乱按了一阵遥控器上的按钮，但车仍然鸣叫不止，问儿子怎么回事，他说我可能按的是开锁键，这该怎么办？似乎没有犹豫，那个11岁的小男子汉就说："妈妈，我下去看看就知道了。"后来，他的身影就在风雨中趔趄起来……

把这件事情写下来发在博客上后，很多博友责怪我："这是亲娘吗？那么深的夜、那么大的雨让孩子下楼去检查，亏你做得出。"当然，更多的留言是对儿子的夸奖。人的内心深处都需要认可，夸奖真的可以鼓励并激发一个人的潜力，在这样的夸奖声中，儿子进一步明白了：是男人，就要有担当。

一次，我和先生外出，出发前告诉他，他晚自习回家后自己休息即可。我们夜半到家，我口渴难忍，恰巧水杯满满地放在桌上，端起来一饮而尽，喝完回味才发现水是温的，怎么回事？看旁边，先生的水杯也是满满的，端起来尝一尝，发现水也是温的。忽然明白，这是儿子临睡前给爸爸妈妈倒上的水。难遏激动，我推开儿子房间的门，给熟睡的他一个拥抱。

尽管已是深夜，但我还是发了条朋友圈。第二天早晨，朋友圈里收到满屏赞，大家纷纷留言："温暖，感动。""好懂事的孩子，好细腻的老师，好温馨的一家。""谁说只有女儿是妈妈的小棉袄？儿子也可以！""好个军大衣式的棉背心"……第二天，我把这些给他看，他做出不屑状，不知他是真的不在意，还是故意做出的不在意。

不知是否跟这种强化有关，反正儿子学会了关心和照顾妈妈，享受着他的照顾，我似乎感觉角色很错乱。一家三口外出逛街，他会主动要我坐他的自行车，因为他要在能替爸爸分担的时候分担；周末晾晒被褥，他会抱着所有的被褥只让我拿几条床单……当然，这一些，我也会如实地记录在他的成长日记上。这一写一读再一思的过程，也许会加强他的责任意识吧。

当然，在他的成长过程中，我们也不可避免地遇到过烦恼和矛盾。小学二年级，他曾在被窗帘遮挡住的墙面上偷偷写下"爸爸妈妈没心没肺，要有，也是狼心狗肺"的话；我也曾在他上着晚自习的时候把他从教室里叫出来批评他，因为他做了错事，我连下课都等不及；先生也曾用皮带狠狠地抽打他……总之，在成长的过程中，春风化雨般教育的方式有，"鞋底炒肉"的经历也有，无论遇到什么情况，我基本都记录了下来，一同记录下来的还有我的思考和解释。有些内容不适合公开贴在博客里，我都会打印出来，悄悄放在他的床头。我相信，这样的交流应该能慢慢进入他的内心。

现在，看着做事考虑周全的儿子，我总不由自主生出诸多骄傲。我庆幸，在众多的孩子中，我遇到了我的儿子。我莫名地相信，我们母子的相遇就是为了互相成全、互相温暖。

前方的路还很长很长，养育他的过程就是看着他一步步远离的过程，属于他的世界会越来越大，而我的手会逐渐无力。但，不管儿子到了哪里，我都会对着他的背影继续写出我想为他写的。当然，以后的日子，也许更多的是思念的倾诉，更多的是请他帮我拿主意。

成长日记，一座搭建在我和儿子之间的桥梁！

附录1

稚子稚语

儿子6岁了，6岁的他有着无穷无尽的想象力，留下诸多有趣的句子，现在把这些句子整理一下，作为送给他的一份生日礼物吧！

喷嚏的威力

小时候，儿子对自己的出生渠道很迷惑。有一天，爸爸大打喷嚏，那喷嚏可谓惊天地，泣鬼神。在一旁观看的小坏顿时联想到了答案："妈妈，我终于知道了，我是你打喷嚏时喷出来的。"

都是规定惹的祸

带他去北京旅游，结果他迷方向了，东西不分，南北不辨。再三给他解释，他仍是一脸的茫然。好大一会儿，他恍然大悟，说道："妈妈，我懂了，北京规定的方向和我们家的规定不一样，他们规定的正好是反方向。"

名牌野菜

春天，我们带他去田地里挖野菜，他好奇心特强，问个没完没了。我实在招架不住，就实话实说自己不知道。儿子看我一脸迷茫，顿悟道："哦，原来这野菜不是名牌的，要是名牌的，妈妈肯定认识。"

冰箱肚子

在饭店吃饭，看刚上来的都是凉菜，儿子惊奇地问："他们饭店把我们的肚子当成冰箱了？"

贵重物品

带他外出旅游，候车期间，他捉了很多蟋蟀，装在小瓶子里精心呵护着。整整一个晚上，他都抱着瓶子不舍得丢开。到达目的地，儿子内急，迅速下车。这时，导游说贵重物品要随身携带，已在车旁解决完问题的儿子大声要求司机开门，并告诉司机："我的贵重物品还没拿下来。"等他下车来，大家哄堂大笑，原来儿子抱着他的蟋蟀瓶子从车上跳了下来。

旅游目的

在旅游景点，我抱着相机咔嚓嚓照个不停，似乎照少了就是极大的浪费。所以，我所有的精力都在找角度、让儿子摆样子，可景点里人流如织，总有人抢镜头，儿子摆好姿势好长时间也不一定拍成功。这时，儿子反问我："妈妈，你拿那么多钱出来就是为了拍照？"

碧水的宁静

下过秋雨，带儿子外出寻找诗意，他骑小自行车，我骑大自行车，一大一小，倒也相映成趣。猛然，儿子的车从路旁水洼里经过，他调皮地说："看我的自行车，划破了碧水的宁静。"

于事无补

带儿子去赶公交车，远远看到车在站牌处等候，我们加快步伐，儿子更是积极，连忙跑起来。谁知那车没等我们跑到竟然扬长而去，他非常丧气地说："刚才跑那么快也于事无补了。"

附录2

儿子的"远大理想"

近段时间，我忽然发现儿子是个理想很"远大"的人。那一天，儿子陪爸爸去买彩票。回来路上，爸爸问儿子："儿子，如果老爸中了500万，把其中100万给了你，你准备买什么？"儿子沉吟着，认真地做着选择，最后坚定地说："我要买一个高档滑板，300多的那种。"

儿子又和爸爸争电视——儿子要看动画片，爸爸要看《新闻联播》。最后，儿子只有妥协，但他很不甘心。一周后的作文课上，老师的命题是"假如我有了钱"。儿子在作文中这样写："假如我有了钱，我一定给爸爸买一套《新闻联播》光盘。这样,爸爸就可以在我写作业的时候看《新闻联播》,我看动画片时就没人跟我争了!"

附录3

儿子第一次说"不"

儿子的班主任打来电话,询问儿子是否上英语辅导班。我考虑儿子马上要升初中,英语的重要性不言而喻,于是便爽快地答应了。

儿子从外面玩耍回来了,我把参加英语辅导班的事告诉了他,他静默了,小脸变得异常严肃。一会儿,他仰起脸严肃地问我:"妈妈,学习是我的事情,你征求我的意见了吗?"说着,泪水骨碌碌地滚了出来。

看着儿子一脸的严肃,看着儿子的泪水,那一瞬间,我愕然了,但愕然之余,我又有了一丝激动,那一刻,一切都似乎凝固了。我仔细打量儿子,似乎感觉那个小不点瞬间长大了,因为他正式地给我说"你征求我的意见了吗",他已经有他的"意见"了,他已经以一个有主见和看法的人的身份平等地站在了我面前。那一刻,不用询问儿子的意见,我拿起电话,给老师拨了过去。

放下电话,我仍然难遏激动,似乎发现了一个天大的秘密。当然,在这之前,他也对我说过很多次"不",但那些大多是生活上的。对于学习上的安排,似乎向来都是我安排他执行,但这次,他竟然大声地说"你征求我的意见了吗",他发出了自己的声音。我一直以为,真正的成长是自我意识的苏醒,一个真正独立的人,不仅要有区别于他人的外表,更要有区别于

七、成长日记——母子之间的一座桥

他人的看法和主见，儿子今天对我的反问，不正是他成长的声音吗？

这一年，儿子11岁！

附录4

当郑州PK爸爸时

2008年暑期，郑东新区招聘教师，经过笔试、面试、试讲、答辩、体检等环节，我拿到了一张调档函。能去省城工作，这是很多人梦寐以求的事。特别是儿子今年该上初中，能让儿子去省城读书，这确实是件值得高兴的事情。但，当我们沉浸在高兴之中时，儿子那边却嘟噜着脸，说什么也不同意去。

我很纳闷，儿子性格活泼开朗，不应该怯生啊？于是，我便以跟随父母去深圳的同学为例，说明大城市的世界很美好，能去大城市生活，是件求之不得的事情。但，听了我的话，儿子措不及防地说："人家是和爸爸妈妈一起走的。"哦，听了他的话我才明白，原来，儿子强调的是人家是一家人一起走的，而我们家，只能妈妈和他一起走。

怎么办？爸爸的工作肯定一时半会儿动不了，于是我开玩笑地询问他："要不，我们让爸爸辞掉现在的工作，我们一起去郑州，到郑州后，我们买辆出租车让爸爸开，怎么样？"没想到，儿子竟然点头赞同。

看着儿子，我突然明白了：在儿子眼里，爸爸做什么工作并不重要，重要的是能否跟他在一起；我们生活在哪里也不重要，重要的是能否全家人生活在一起。

后来，我们又带儿子去了郑州，实地考察了一下那个即将成为我工作和他上学的地方。但，看过后，儿子仍然固执地说：什么地方都不能代替爸爸在他生活中的重要性。

看着儿子认真的眼神，经过一番慎重考虑，我拒绝了调动，一家人继续安安静静地留在这个小城，因为对于儿子来说，郑州这个都市没有爸爸重要。是的，在哪里不重要，重要的是和谁在一起。在孩子成长过程中，爸爸拥有知识的宽度和深度、思考问题的深度和敏锐度，对孩子的影响可能更大！

当郑州PK爸爸时，郑州输了！

附录5

错乱的角色

很多时候，我和儿子之间的角色好像有点乱。

为了培养他的责任感，我家很早以前就有了一项规定：我负责家里的卫生，他负责家里的安全。他的具体职责是：睡觉前反锁房门，检查门窗是否已锁好，水电气阀门是否已关好等。有次夜半大雨，新买的汽车一直响个不停，当时恰巧爱人出差，我和儿子又都没有经验，为安全起见，他决定冒雨下楼看看。尽管雨下得很大，尽管雷打得很响，尽管夜已经很深，尽管他才11岁，但，由于他负责安全，所以他义无反顾地下楼去检查。

每年高考，儿子学校都要做考场。那几天他不用上课，但我还需上班。那次，吃早饭时，我商量让他骑车去送我，他呢，似乎很享受的样子，

七、成长日记——母子之间的一座桥

丝毫没有犹豫就答应了。后来，暑假放假了，儿子自然而然有了一个任务：接送妈妈上下班。计算一下，在他成长过程中，除了幼儿园阶段，我接他的次数，还没有他接我的次数多。

这，是否角色错乱？按说，有危险的时候应该妈妈保护他，但，那次下雨，他却保护起了妈妈；按说，应该妈妈接送他，但他，却在有空的时候接送起了妈妈。

是的，这样的角色确实有点错乱。在我家，经常出现这样的一幕：

闲暇无事的周末，喜欢臭美的我会把衣柜里的衣服拿出来一件件搭配、一件件试穿，穿上高跟鞋，踩着模特步走到儿子房间，让他看看哪件跟哪件搭配在一起最漂亮。而他呢，似乎很专业的样子，摆出一副很认真的神色，上上下下打量一番，然后要求我转过身，甚至还要求我走两步，审视一番，故作深沉地点点头或者摇摇头，评论评论，再让我去换下一套。那一刻，我俨然成了模特，他俨然成了审美大师。

我的头发是多年如一日的"清汤挂面"，心血来潮侍弄一番，回家后，他左打量右打量，然后提出了他的意见：要是再长一点染烫就好了。现在，我的头发基本又恢复成原貌，再次询问他，头发到底是"清汤挂面"还是烫一下，他思考一番说，还是烫一下吧。那一刻，他俨然就是我的主宰。

这样的角色，是否也很错乱？按说，妈妈应该给他搭配衣服，而他却在决定着妈妈的衣着；按说，妈妈应该给他提发型要求，但他却俨然成了妈妈的发型设计师。

这样的角色确实有点错乱，但仔细想想，这样错乱的角色里也有它存在的道理：儿子是否学会了责任？学会了担当？学会了审美？学会了思考？

这错乱的角色啊，让我怎能不爱你！

八、经济意识，在跌跌撞撞中培养

一个人生活在社会中，是一定会和金钱打交道的，在人生的每一个阶段，都应该有合理支配手中金钱的能力，也就是说，人要有一定的经济意识。在儿子的成长过程中，我们虽然没有刻意去培养他的经济意识，但我们还是有意识地去引导他合理消费，学会衡量，学会满足，学会延迟满足。他的经济意识就这样在跌跌撞撞中培养起来了。

他买彩票了！

高二的一天，当听说他买彩票中了几十元钱时，我大吃一惊。天哪，他开始买彩票了？在我的意识中，买彩票应该属于有闲钱的成年人做的事情，小屁孩怎么会买彩票呢？看我这样吃惊，他也瞪大了眼睛，原来，我的吃惊也让他很吃惊。在他眼里，买彩票这样的事情太正常了，所以，他非常不理解我的吃惊。

看我这样不理解，他就从纵向和横向两个维度给我介绍。他说，他在初中毕业那年就开始买了，高一时班里三分之一的男生都在买；世界杯时，不仅男生买，就连女生也在买。听他这样说我才知道，在孩子的世界里，买彩票和买雪糕一样，怪不得他觉得这很正常呢。我好奇地询问他第一次买彩票的时间、原因以及购买方式，他也饶有兴趣地给我介绍起来。但在这一过程中，他说了很多术语，我听得很吃力，他也解释得很吃力，似乎是在扫盲，似乎是在普及基本常识。当那些我不熟悉的词语从儿子口中任意滚落时，我忽然懂得了什么是"同一屋檐下的陌生人"。后来，看他那样吃力地解释，我直接把电脑交给他，让他来做一下书面介绍。

我是这样走向足彩的

一次，我在手机上看体育新闻时看到网页下有一些足彩推荐，当时觉得好玩，也想尝试预测一下。虽然年龄不大，但看球已有了一些年头，即使到不了"懂球帝"的水准，但预测一些主流联赛和大型杯赛还是足够的。那时候竞彩还不太火，小区附近的彩票店也只能买足彩，只有"十四场"和"任九"两个彩种。所谓"十四场"，就是猜十四场比赛的胜负，如果能全猜中，就是一等奖，奖金有几百万；如果猜对十三场，那就是二等奖，奖金也有几十万。所谓的"任九"，就是从十四场中任意选择九场猜胜负，全猜对才能获奖。尽管"任九"的奖额不太高，但它的中奖概率大，并且投入又少，所以，衡量一番，我选择了"任九"。刚开始，我通过手机试着预测了两期，正确率很高，心里开始发痒了，似乎看见了白花花的银子流到了别人的腰包里，于是就开始购买起来。

买了两期"任九"后，我又发现中奖率太低，而且我的资金也负担不起这样的投入，比较一番，我就放弃了"任九"，把目光投向了兴起时间不算长的竞彩。最初竞彩店不多，我就和另一位同样热爱足球的同学一起在淘宝上合买。刚开始买时，对于"盘口"这些数据也摸不太透，靠的只是自己多年看球的经验。所以，第一次欧洲杯总体来说有点小赔。

　　上高中后，时间少了很多，对于彩票的研究时间当然也跟着少了。只有周末联赛时瞅几场拿得比较准的买几把，每次只买10元钱的，买法也从刚开始的六串一、七串一变成了更稳妥的四串一、四串五（可以错一场）。虽然买得少了，但经验更多了，看盘也看得更透了，对于巴甲、J联赛、美职联这样较小的联赛也了解更深。最精彩的一战就是奥萨苏纳对皇马，直接搏冷，串了奥萨苏纳胜平，再配上其他几场，一笔就赚了三百多！一年内，我也小赚了几百元钱。

　　高二，上半学期仍然不温不火，能赚但赚得不多。到了下半学期，世界杯开始，足球一夜之间就成了最热门的话题，而买彩票猜胜负也成了好多同学都在做的事情，有的同学连"让球"是什么都搞不懂也去买。我依然按照自己的路线买，第一轮小组赛，风平浪静，一百多元到手；第二轮小组赛，好多比赛都走下盘，小赔几十；第三轮小组赛加上淘汰赛算是又赚了一百多。一个月的世界杯，我收入二百多元！

　　如果总结一下，我发现自己随着时间的推移，"胆子"越来越小，买彩的方式也越来越稳妥了，从刚开始的多串一（几块钱就能赚几百块钱，可中奖概率很低），到后来的四串一，再到现在的四串五、五串十六（投入更大但更加稳妥）。而且，我一直只碰胜平负和让球胜平负，半全场、进球数这种东西一直不碰，这也算是我的一个原则吧。除了这个原则，我还有一个原则就是只买自己了解的比赛，有拿不准的宁愿不买也不想只靠运气往里扔钱。

　　这就是他的介绍，他就是这样走向足彩的。原来，在大人眼中还是孩子的他已经开始在另一个世界里闯荡起来了。他还说，每次考试进步了，他都会去买一注彩票，因为他觉得这时运气最好，结果却是一次奖也没中过。后来他想明白了，原来好成绩已经占用了好运气。晕，小毛孩的逻辑似乎还有一定的道理。

零花钱制度的前世今生

正式培养儿子的理财意识，是从高一年级开始的。当然，小时候也做过很多尝试，五六岁前，他一直认为钱是从银行里取出来的，后来告诉他钱是通过劳动挣来的，并启发他寻找劳动的机会。一番商讨之后，他找了三个"挣钱岗位"：洗碗、拖地和擦皮鞋——洗碗一次1元，拖地一次2元，擦皮鞋一双2元。最初，他干劲很足，有一次，坐在电视机前看电视的他忽然跑进厨房，打开水管哗啦啦地洗起碗来，问起原因，他解释刚才看方便面广告看得馋极了，于是就洗碗挣钱去买。那段时间，尽管他洗过的碗我还要重新洗一遍，尽管他拿着鞋油把皮鞋擦得花里胡哨，但我仍然为他能参与到劳动中来而高兴。但有一天，当他发现市场上擦一次皮鞋竟然需要8元甚至10元钱时，他生气了，不，他愤怒了，并且坚决要求罢工。尽管我再三解释，市场上擦鞋的投入大、环节多、成本高，但他丝毫听不下去，不折不扣地罢工了，终止了通过擦皮鞋挣钱的"营生"。

还好，他只是终止了擦皮鞋一个营生，仍然承担着刷锅、洗碗、拖地的任务。那次他又特别需要钱，竟然在刚拖完地后又要求拖一遍。2008年6月，欧洲杯开始了，他时髦地买来可乐和零食，一边吃喝一边熬夜看球赛。周一上学，他才想到还要交给老师15元钱，而他的零花钱在周末就已花完。怎么办？想了想，他拍拍脑袋，激动地说："妈妈，这样吧，我给你几个吻，你给我15元钱，算我的劳动所得吧？"哈哈，"用吻换钱"是前几天我讲给他的一个笑话，现在他还真派上用场了。这个要求，我也感觉颇为有趣，就爽快地答应了他，但也不能像他说的那样，给我几个吻就给他15元钱。经过一阵商量，我们以一个吻一角钱的价格成交，也就是说，他给我150个吻，我给他15元钱。他高兴地接受了。我把脸洗干净后，他便开始了辛勤的"劳动"。但当吻进行到100个时，他忽然停下来问，如果吻得多了，是否挣的钱就多？我当然知道他的小计谋，于是就来了一个巧妙的回答：多吻一个减一角钱。听我这么一说，他小心谨慎起来，慢慢地，慢慢地，小心翼翼而又意味深长地挣了15元钱……那一年，他11岁。

上高中后，因为购买足球鞋，我们之间又产生一场风波。也正因为这场风波，我们正式开始执行起零花钱制度。

事情的起因是这样的：那次逛街，他看中一双500元的足球鞋。在我的意识里，500元的鞋子对中学生来说绝对属于奢侈品。但儿子不这样想，他觉得父母应该满足他的需求，这是父母的义务，也是他的权利。所以，他表现得很倔，因为他很喜欢那双鞋；但我也表现得很倔，因为我觉得这双鞋太贵了。我们就那样僵持着，谁也不肯让步。后来，看他执意要买，我想到一个折中的办法：我支付300元，他支付200元，他手头没钱，可以先写个欠条，然后通过做家务慢慢偿还。

尽管他接受了这个条件，尽管事情最后的处理结果还都比较满意，但这个事件又引起了我的思考，我意识到儿子长大了，应该锻炼他的理财规划能力了，不仅是学会理财，更重要的是让他学会衡量，学会选择，学会延迟满足。于是，在我的建议下，我们商定了零花钱制度。

在商定零花钱制度之前，我们首先达成两个共识：一是爸爸妈妈有义务为他提供必要的生活保障，但没义务满足奢侈层次的需求；二是对于学生来说，衣着大方得体就好，不能追求奇装异服，不能有攀比心理。然后对衣物定了一个价格范围：鞋子300元以内，T恤100元左右，裤子和上衣200元左右，棉衣400元左右……如果他喜欢的衣物超过了以上规定，他就需要拿自己的零花钱弥补差价。

达成以上共识后，我们开始商谈零花钱的具体数额。根据他的计划和需求，最后商定每月支付他300元零花钱。这300元，包括在校的晚餐以及他自己想购买的物品费用，不包括必要的衣物和学习用品。第一次领到零花钱后，儿子很高兴，当天就花30元钱买了一块手表。他说他早就想要一块手表，现在自己有了零花钱，心愿终于可以满足了。

看着他高兴，我当然也很高兴。如果他能很好地规划，能够克制乱花钱的欲望和冲动，一个月节省下来一点钱，就可以满足一个小小的心愿了。看来，这300元钱，应该能让他学会规划，学会克制，学会比较，学会延迟满足。

自从实行零花钱制度后，在购买衣物时，他学会了比较和衡量。例如，在商场看中的一件衣服，他一般会再到官网旗舰店去看看，如果两者价格差别比较大，他会在网上购买，也好，儿子又多了一个可以选择的渠道。

他用他的方式节流开源

只依靠"从牙缝里挤"的"节流方式"毕竟还是有限的，于是，他开动脑子，尽可能地"开源"。那次他把500元的足球鞋买到家后，以前那双一百多元的足球鞋就束之高阁了。看那双鞋子一直闲置，我心里很惋惜。有一天，他说要把鞋子卖给同学，尽管我觉得这是个不错的主意，但还是隐隐有些担心，唯恐这样做不近人情。当我把担心告诉他时，他坦然地说没什么，一个想买，一个想卖，哪有那么多顾虑。也好，让生活简单化，确实让人活得轻松。最终，他以30元的价格把鞋子卖给了同学，很好，应该这样，即使是旧物，也有价值啊！当然，这30元钱，纯属他的额外收入。

不仅卖鞋子，后来，他把一直闲置的吉他也卖了。高二时，一个同学向他询问购买吉他事宜，他考虑一下，就想到了自己的第一把吉他。2012年获得省级冠军时，我们在他的奖品基础上给他更换了一把较为高档的吉他，从此，他的第一把吉他就基本退出了舞台。现在，有同学想买吉他，他就又想到了这个两全其美的办法。也好，尽管儿子对吉他有感情，但让吉他闲置，也是对吉他的不尊重，有人需要就卖掉吧。有了第一次卖足球鞋，这次卖吉他，我们就没有再考虑合适不合适。就这样，一把吉他，他又卖了300元。

高中毕业后，他把高中复习资料和积攒了几年的杂志拿出来到学校练摊。学校里练摊的有十几人，最初有人把"五三"（《五年高考三年模拟》的简称）压到10元，他一看，便把"五三"先放了起来，等别人10元一本卖完后，他便把他的拿出来，要价15元。因为只剩下他这一套，15元一本也很快被抢空！除了复习资料，儿子更多的是杂志。为了方便别人挑选杂志，他把杂乱的杂志按照球队或球星分好类，有球迷看到自己喜欢的球队或球星，一下买走12本。后来，当杂志剩余不多的时候，他又打出了"杂志2元1本，5元3本，10元6本并送海报1张"的广告。不管怎样，三天时间，地下室堆成堆的杂志被他换回了710元钱。

是小气，还是大方？

据他说，他每月300元的零花钱是这样分配的：晚餐得6元，一个月大概180元。购买杂志大约100元，其中，《国家人文历史》2本30元，《足球周刊》4本40元，《中国国家地理》1本20元，《南方周末》报纸四期12元。除了这两项必备的花费，他只剩余20元钱，偶尔买点小零食，他就成了"月光族"了。

他说的话似乎也有道理，在花费方面，很难用一个词语准确地形容他。说他小气吧，他买书买杂志毫不心疼，每月能拿出三分之一的零花钱来支付；说他大方吧，裤子磨烂后，他说得最多的一句话是："妈妈，裤子烂了，你给缝补一下吧。"尽管购买裤子的花费是我的支出，但在他眼里，只要补补能穿就好。那次，当缝补过的裤子又磨烂时，他竟然很不好意思地说："妈妈，还能再缝补吗？"

除了这方面的矛盾，在衣服的穿着上，他也表现出很矛盾的一面。他喜欢的衣服，即使穿到脱色他还在穿，似乎很不讲究，很吝啬。但他不喜欢的衣服，他一次也不穿，似乎很挑剔，很浪费。尽管新衣服被闲置起来很让人心疼，但我还是尊重他。衣服闲置就闲置吧，难得孩子有自己的主见。主见，比一件衣服重要得多。

总的来说，零花钱制度培养了儿子的理财能力、规划能力，让他在这个过程中学会选择，学会克制，学会比较，学会忍耐，学会延迟满足。但愿这个规定能促使他更好地长大。

附录

足球鞋风波

自上高中以来，儿子的爱好逐渐专一起来。以前他是"凡球必玩""逢球必爱"：会打乒乓球，喜欢打篮球，经常踢足球……上高中后，他专一起来了，似乎越来越喜欢群体对抗性的活动，所有的时间和精力都用在了足球方面，其他的似乎都搁浅了，好几百元的乒乓球拍也闲置了起来。

问他为什么，他说没有原因，似乎就只是喜欢。其实也是，很多喜欢说不出理由，似乎也不需要理由。

2012年中考后，他开始购买足球鞋。刚开始，他买的鞋子不太专业，花费也不高，不到200元。高中一个学期过去，不知他的球技是否有所提高，但他对球鞋的要求提高了。周末，他提议去看看足球鞋，一家三口就出发了。

在商场逛了一圈后，当他拿着一双鞋子反复试穿时，我开始唏嘘了，因为那双鞋子的标价是499元。

499元？小五百啊！这个价格超过了我对他的鞋子的价格定位。当他向我投去征求意见的目光时，我摇摇头，说价格太高了。

不难想象，当和自己的心爱之物擦肩而过时，他的心情该多么沮丧。他嘟噜着脸站在我身边，以至于两人之间的空气都僵硬了起来。

看到他这种神态，我心里很窝火。但我知道，此时我不能发火，简单粗暴的发火不能从根本上解决问题。在我的意识里，鞋子只是一个表象和

八、经济意识，在跌跌撞撞中培养

引子，这里面还掩盖着许多东西，我要以这件事为契机，和他共同探讨如何对待需要和欲望。

出了商场门，我坦诚地告诉他："儿子，任何事情都有度，买东西也是这样。爸爸妈妈有抚养你的义务，但这不意味着你所有的要求都应该得到满足，爸爸妈妈只能提供给你基本需求，而这双鞋子，就不属于基本需求，它的价格超出了基本需求的价格，所以，这双鞋子我不买给你。"

听我这样说，他当然还是噘着嘴，嘟噜着脸，冷冰冰的神态，一句话也不说。不管他说不说话，不管他嘟噜不嘟噜脸，我必须把我的想法传递给他，于是就接着说："你长大了，以后自己买东西的机会会越来越多，妈妈希望你买东西的时候思考这样几个问题：这个东西必须买吗？我买它的真正目的是什么？有没有其他可以替代的？问清楚了这样几个问题，你就知道这个东西该不该买了。我现在问你，这双鞋子必须买吗？你不是有双足球鞋吗？那双足球鞋可以不可以代替这双呢？"

听我这样问，他才嘟嘟囔囔地说："原来那双足球鞋鞋钉太短，抓地力不够，控球感也不好，而这双鞋，鞋钉长，踢起球来肯定舒服。"

听到他这样的解释我才明白，原来孩子看重的不是品牌，而是鞋子的专业性，于是我连忙解释："足球鞋还有这么大的差别啊，妈妈太外行了。那好，如果你觉得这双鞋子没有其他鞋子可以代替，是你的必需品，那你就买。但是，当它超出了爸爸妈妈规定的限度时，我们再一起想办法啊。爸爸妈妈有自己的底线，不表明你就买不成你喜欢的鞋子啊。"听了这个解释，他的脸色开始温和了，他在等我帮他出主意。我接着说："你可以想办法把超过预计的那部分钱筹集出来啊，你把爸爸妈妈能承受的钱和你自己筹集到的钱加起来，不就可以去买鞋子了吗？要是今天就想买到鞋子，你可以先给爸爸妈妈打一个借条。这样，鞋子不就买下来了吗？"

听到这里，儿子的情绪有了很大改观，他问我给他的鞋子定的标准是多少，我告诉他：300元。

这样说来，他还需要筹集到200元。怎么办？怎么才能筹到200元钱呢？他开始想办法了，但想一会儿似乎又丧气了，叹口气说："我直接把我的东西卖200元钱算了。"他这个想法肯定来源于他一个同学把自己的MP4卖了600元的事情。看他这样想，我又温和地提醒他，让他分清家里的哪些东西是他的，并提醒他，爸爸妈妈买给他的手机、MP4、吉他、乒乓球拍等，他有使用权，而没有处决权，如果他不想使用了，应该还给爸爸妈妈，而他自己购买的或者同学送给他的礼物就不一样了，他可以自行处置……

听我这样说，他才想到卖东西这条路是走不通的，他只有再动脑子。过一会儿，他又自言自语地说："要不，我课间操时在学校卖方便面吧？同学都喜欢吃，一定有市场。"顿了顿，他又说："要不，我把《看天下》《足球周刊》杂志卖掉？这些杂志不能当废品卖，当废品卖的话，太亏了，那是论斤的，我要论本卖……要不，我晚上少吃点，又减了肥，又省了钱？不过，这要省到猴年马月啊？……要不，我拿着吉他在学校门口卖唱？"

他自言自语，我沉默不语，这小子，还真能想出这么多挣钱的办法来，看来，他还是有一定的经济头脑的。

看他一边思考一边否定，我又一次提醒他："如果外面的钱不好挣，可以挣家里的钱啊，你可以通过劳动获得报酬啊，在家里刷锅、洗碗、拖地、打扫卫生等等，这些都可以按照劳动来计算报酬啊。"

我的提醒让他有了挣钱最简单也最有保证的渠道。于是，我们开始谈论价钱，每天中午刷锅、洗碗、拖地、打扫卫生一次，付报酬5元。看我开出5元钱的报酬，他马上贪婪起来，试着问我："刷碗、拖地有没有次数限制啊？我能否晚饭也回家来吃？这样就可以多刷一次碗多拖一次地。"

这句话彻底打破了我们之间的僵局，我们都哈哈大笑起来。我告诉他："妈妈只是在告诉你一个简单的道理：想得到自己喜欢的东西，必须付出劳动和努力。学习成绩不也是你想得到的吗？"

就这样，话题又转移到学习成绩上，一谈起学习成绩，儿子来兴趣了，他问我："4月20日期中考试，我力争考到150名之内，如果目标实现，你就奖励给我这双球鞋吧？"我爽快地答应了。但没想到，他又很有顾虑地问："那要是考不到，是否要惩罚呢？"

又是一个交流话题。我对他说："学习是你的事情，考试好了，妈妈高兴，但更高兴的肯定是你；考试不好，妈妈不高兴，更难过的肯定还是你。如果你考不好，妈妈不会惩罚你，因为你内心已经很难过了。"

于是，又接着这个话题分析起他的学习情况，他说要是只考理科，他肯定能进入年级150名，但加上历史、地理、政治，那就不一定了，因为他在这三科方面付出得比较少。此时，我们又引导他："不要有负担，因为大多数准备学理科的孩子，文科都不会下太大的功夫；同理，准备学文科的孩子，理科也不会下多少功夫。"

谈到学习成绩，我和他又交流了两点看法：第一是纠错本一定要认真使用，第二是课堂上一定要认真听讲。他对这两点很认可，说课堂上自己绝对不会不认真，唯一的不足是课后自己太放松，可能没有别人投入的精力多。

一双足球鞋，引来了这么多的思考和交流，也很值了。经过一番讨论，我们把一个事故变成了一个故事。

下午午休起来，他给我写下一张200元的欠条，我给了他500元钱，他拿起钱跟同学去买球鞋了。本来他想让我帮他买，但我考虑考虑拒绝了，我说：我想让你体验一下这个过程，这个费了这么大的力气才得到的鞋子的过程。

儿子笑了，我也笑了。

九、当面对扑面而来的"爱情"时

对于"早恋"一词,我一直有疑问:怎么界定"早"?怎么界定"恋"?是否所有的青春年少对异性的朦胧情感都属于"早"的"恋"呢?

我常常回忆自己的青春,回忆青春时期那些美好情愫。年幼时,世界是父母和老师口中的样子,自己活在父母和老师的观点里;走进青春季节,自我意识开始苏醒,睁开眼睛打量世界,世界陡然之间鲜活起来,身边的男人和女人也蓦地生动起来,于是,世界可爱了,生活丰富了,故事和秘密便接二连三来临了。

在儿子成长的过程中,他和女生之间留下了哪些故事呢?在这一个过程中,儿子的经历是丰富的,他走过了一道又一道的"坎"。

10岁那年的快递活人

2007年暑假,我们去东北游玩,在东北工作和生活的老同学负责接待和陪同。同学一家很热情,特别是他家的乖乖女,可爱得让人从心底疼惜和喜欢。似乎从一开始外出游玩，儿子就自动承担起照顾妹妹的任务。妹妹呢，也自觉地被哥哥照顾。过马路时，儿子会自觉地拉住妹妹的手。看刺激性较强的4D电影时，妹妹非要和哥哥坐在一起，让哥哥照顾；哥哥呢，也理所当然表现出自己长大了，不仅不需要爸爸妈妈的照顾而且能够照顾妹妹的样子……总之，几天时间，两个孩子结下了深厚的友谊。

再好的相聚也有分别的时候。分别时，两个孩子是否难舍难分我倒没有在意。但从东北回来后，儿子给我出的一个难题让我大吃了一惊。

回到家，当我忙于收拾家务时，儿子悄悄站在了我面前，问我什么时候再去东北。我有口无心地应付着"明年"。听到这个答复，儿子似乎有些遗憾。顿一顿，他又问："你明天上班，我还不开学，我是否可以再去东北一趟？"我看都没看他就告诉他不行，原因是他一人走那么远的路我不放心。他静默了，待了一会儿回自己的房间去了。

但过了一会儿，他又站在我面前，这次是针对我的"不放心"而来的。他说，我可以把他送上火车，每走一站他给我打电话报声平安，等到了目的地，让阿姨去车站接他，这样就能确保安全了。听了他的主意，我又摇了摇头，没有理由就拒绝了。他又悻悻地离开了。（现在，我很生自己的气，当时我怎么就没有敏感地感受到儿子内心的渴望呢？）

又过了一会儿，他又来到我面前。这次，他变了，不再是刚才吞吞吐吐的态度，也不是刚才商量的口气，而是以大无畏、豁出去的气势说："妈妈，我告诉你吧，我想妹妹，我要去看她。"伴随这句话而出的，还有他骨碌碌滚落而下的泪水。

九、当面对扑面而来的"爱情"时

看着儿子倔强的眼神和滚落的泪水,我呆住了:天哪,儿子喜欢妹妹喜欢得这么厉害啊?怎么办?那一刻,似乎是一种本能,我一把把他搂在怀里,似乎要给他庇护,又似乎在抚摸安慰他那颗因为喜欢而受伤的心。

儿子在我怀里小声啜泣着,似乎是表达不被理解的委屈,又似乎是委屈表达出来之后的释放……就那样,我们相拥着站立了好一会儿,一句话也没有说。过了一会儿,他似乎释然了很多,默默地去了自己的房间。也许,当我们把自己想说的话表达出来时,不管最初的结果是否能够改变,我们都会释然很多。

他去了他的房间,我仍然收拾我的家务,尽管觉得刚才的一幕很好玩,但仍然有一点点心疼孩子,我在自问:儿子,你要开始品尝折磨人的"喜欢"了吗?你可知道,这将是一种极其痛苦的甜蜜,这也是一种极其甜蜜的痛苦。

又过了一会儿,他又来到我房间,这次询问的是能否快递活物。听他问这些,我理所当然以为他想给妹妹快递个"小猫""小狗""小仓鼠"之类的活物,我回答可以,大不了在箱子上扎几个孔,保证有空气就可以了。听到这样的答复,他高兴起来,一副释然的样子:"妈妈,这就好办了,你把我快递过去就行了呗。"

哦,原来他要快递的是自己,原来小毛孩的情感竟然这样浓烈。那一刻,我又是不由自主紧紧拥抱住了他。

也许儿子从拥抱中已经得知了我的答复,他不再追问结果,似乎接受了不能去的现实。他知道,他已经尽力了,他把能想出来的办法全都想了一遍,他把能运用的策略都试了一遍,尽管这样,东北还是去不成,他只有接受明年才能去看妹妹的结果。

事情并没有完全结束。午饭后,他拿出一张纸,认认真真地制作了一张倒计时牌,工工整整地张贴在电视机的正上方。在他的意识里,电视机是家里最显眼的位置,去东北看妹妹这样重要的事情,当然要放在最显眼的位置便于提醒自己了。

第二天,他把数字做了一下更改;第三天,他又做了一次更改……但似乎坚持到第五天时,更改就不那么及时了,有时候两三天才更改一次;再后来,他就似乎完全忘记更改了。当我确定那张倒计时牌在儿子的意识中已经不存在时,便悄悄地把它撕了下来。果然,倒计时牌被我撕下来,也没有被他发现,那说明,它真的已经不重要了。

后来,儿子的感情似乎不那么强烈了。第二年春天,当我再问起他还去不去东北时,他羞涩地说:不去了。

尽管把这样一份纯真的情感经历归结到"早恋"中似乎很"邪恶",但我还是觉得这是那个幼小的生命中一段不可错过的精彩,所以要把它原原本本地记录下来。通过这件事,我进一步了解了儿子:儿子是个情感很丰富、用情也很深的人,他的情感犹如深藏地下的岩浆,一旦爆发,就会有那么强大而灼热的力量。我为之欣喜,但欣喜之余又为儿子隐隐担心,因为用情深的人很容易受伤!

现在再回想整个事情的始末,我为我送给儿子的两个拥抱感到欣慰。那一刻,没有责怪,没有嘲讽,没有大惊小怪的挖苦,没有上纲上线的批评,有的只是内心深处的怜惜和心疼。我拥抱着儿子,和他一起经受情感上的折磨和煎熬。那一刻,我似乎只有一个本能:紧紧抱住他,用我的怀抱包裹住他,从而抵御来自情感上的伤和痛。是的,在这一过程中,儿子在情感的裹挟中做着怎样的挣扎啊!除了拥抱,我还能给孩子什么呢?我相信身体的接触是有力量的,这力量有温度,让人安宁,是语言达不到的。我蕴藏在双臂中的怜惜和疼爱,儿子能感受到。

这,便是儿子第一次轰轰烈烈的"爱",那一年,他还不到10岁。

初中阶段的若有若无

初中阶段,听其他老师说,他和班里一个女生关系比较"近",但"近"到什么程度呢?他没有告诉我,我也没有询问和探听。我一直认为,青春期的孩子对异性产生朦胧情愫很正常,这是孩子成长的标志,是孩子心智健全的表现。父母不必为此大惊小怪,据说,如果第一次喜欢异性遭到了打击或经受了太大的波折,就可能会给成年后的恋爱带来阴影。每当想到这点,我都会暗暗告诫自己:千万不要做"杀手"。是的,父母的过度敏感或干预,很多时候恰恰是适得其反。人在成长过程中,很多事情会自生自灭,睁只眼闭只眼、淡化处理未必不好。

但淡化处理不等于不管不问不作为,正确的引领是非常必要的。当时,我打印了一份干国祥老师的《爱的戒律——为早恋的朋友而作》,并挑选了两本和青春期发育有关的书——尤红玲的《父母送给青春期男孩最好的礼物》和美国作者琳达·麦德拉斯的《身体的秘密——青春期男孩实用手册》,一并悄悄地放在了他的枕边。多一些了解,就会少一些好奇。

似乎在初中发生的"恋情"就那么自生自灭了。当然,在这一过程中,我一直在暗暗关注。后来,儿子上高中了。站在高中门槛前,我给他写了一封信,信中,我这样说:

高中三年，优秀的你可能会被某个女孩喜欢，也可能会喜欢上某个女孩。如果有女孩喜欢上了你，妈妈恭喜你，恭喜儿子在同龄女孩的眼中是优秀的；如果你喜欢上了某个女孩，妈妈也要恭喜你，因为儿子的恋爱取向是正常的。

在信中我明确指出，高中三年，他可能会喜欢上某个优秀的女孩子或者被某个优秀的女孩子喜欢，如果发生了这种情感，这很正常，不要视之为洪水猛兽。当遇到这类情感时，关键是应该怎样把握，人与人的差别就是处理问题方式的差别，处理问题的方式彰显着人的水平和层次。

高中生活的一波三折

我预想到高中阶段他可能会喜欢上某个优秀的女孩子或者被某个优秀的女孩子喜欢，我想到了可能会发生，但我没想到的是会发生得那么早。

高一下学期的一个下午，一位女生家长约我面谈。见面前，我很忐忑，人忐忑的时候总会往最坏的方面猜想，我也同样，不由自主就猜想了种种不能接受的结果，而这些猜想又增加了我的忐忑。但见了面才知道事情并不复杂，两个孩子只不过你不讨厌我、我不讨厌你、你问我道题、我借你个笔记罢了，最多是一起去餐厅吃饭，推自行车的时候互相等对方一下。在我的意识里，男女生交往的正能量大于负能量，至少说明孩子是正常的，这似乎又是一件值得庆贺的事情。有段时间，当我发现某个男生天天在楼下等儿子时，我的心里是真的很忐忑。这两件事情恰巧发生在一前一后，所以，当听女孩家长这样说时，我竟然莫名其妙

九、当面对扑面而来的"爱情"时

地轻松了起来。

但在女孩家长眼里，这就不是小事了。尽管我想告诉对方家长，并非所有的男女生交往都有问题，父母的过度敏感倒有可能促使问题的发生。但想想对方是女孩子，我的解释可能会引起误会，所以，我也就缄默了。

女孩家长询问该怎么办。怎么办？那就跟孩子谈谈吧！他已经长大，应该开诚布公地交流一下看法。晚上，儿子放学回来，当我告诉他我被他班同学妈妈约去谈话时，他愣了一下回答：哦，我知道了。

似乎没有太多的说教，我知道此时的说教是苍白无力的。很多事，言谈不如笔谈。于是，我写一封信，放在了他的床头边。那封信是这样写的：

陪你渡过这道坎

宝贝，今天，妈妈因为你惊呆了两次。

下午4点，我跟一位女孩的妈妈坐在了一起，原因很简单：你和那个女孩走得太近了，女孩的妈妈有点担心。儿子，对于即将长大的你来说，喜欢一个人很正常，但你忘记妈妈告诉你的后半句话了吗：喜欢很正常，关键是怎么对待这份喜欢。

我相信儿子的审美能力，相信对方一定是个优秀的姑娘。听她妈妈说，中招考试时女孩超过分数线17分。超过17分，应该是在年级前100名了吧，而现在呢？现在她已经到了年级800名。宝贝，100名和800名，你知道这中间的差距吗？在当今这个一考定终身的年代，这两个数字能让一个人的命运产生天壤之别，你相信吗？宝贝，我们谁也不敢说，在这个差距中，"互相喜欢"该承担多少责任。

你放学前，妈妈很为难，不知道该如何跟你谈，最后还是决定采取开门见山的方法。我明白，如果我只是含糊地询问，你应该不会主动承认，因为趋利避害是人自我保护的本能。如果绕个大弯，让你费九牛二虎之力去找那么多理由进行辩解，到最后妈妈还是要再把事实摊到桌面上。那时候，我们之间的气氛该多么难堪，如果真那样，你肯定站在妈妈的对立面。妈妈不要那样，妈妈不当你身边的警察，妈妈就要站在你身边保护你、帮助你，而不是为难你、责怪你……考虑到这些，妈妈决定直接告诉你：今天下午，一个女生家长约我见面了。

可是，还没有等妈妈这样说，你先给妈妈汇报了这次考试的成绩，这个成绩，让我有了第二次的震惊。

放学回到家，你站在妈妈面前，没等我开口，你就给妈妈说了一个数字——320。听到这个数字，我一时没反应过来，我看着你，沉默着，猜测这个数字代表的是什么，这是几科的总成绩吗？不该这么少啊？那又该是什么呢？没想到，这时，你说出一个令人吃惊的消息：这是你这次考试的名次。

儿子，那一刻，我惊呆了，我真的惊呆了，如果不是你亲自告诉我，我想都没想到这是你考试的名次。这跟我们最初预想的150名的差距太大了，我几乎不敢相信。

短短八小时内，我听到了这样两个消息。你可知道，我当时是一种什么样的心情吗？

当你向我汇报你的成绩后，我也顺势告诉了你另一个消息：妈妈下午被你班一个同学的妈妈约去谈话了。你呆了一下，说：哦，我知道了。

宝贝，一切就这样剥开了。不管能否接受，不管是否愿意接受，一个结果就这样摆放在了我们面前。

九、当面对扑面而来的"爱情"时

宝贝，横在我们面前的是一道坎。一个位居前100名的孩子下滑到年级800名，一个有希望进入年级150名的下滑到年级320名，这证明着什么？儿子，我们必须承认，这证明了所经历的一切不一定正确，火，靠近了，很温暖，但如果靠得太近，它可能会把人灼伤。

儿子，妈妈的心情很沉重，你肯定也很失落。尽管中午你轻描淡写地告诉妈妈"让它过去吧"，但我知道你肯定也很难过，因为这毕竟是一段不同寻常的体验。儿子，也许你还想不通：我们也是在相互鼓励的啊？是的，互相喜欢的两个人表面上能够互相激励，互相促进，可很多时候，当事人的自控力还没有那么强，因为这毕竟是件不自觉就分散了精力的事。所以，妈妈还是要告诉你：枝头的苹果在闪烁着诱人的光泽，但当它没有成熟的时候，吃到嘴里是苦涩的。想吃到香甜的苹果就必须学会等待，等待它经了那么多的风，淋了那么多的雨，晒足晒够了太阳，它才能在岁月里自内而外地散发出诱人的芳香……酒，越久越醇，越久越香，感情，也是这样。现在，把它雪藏起来，等到几年之后再打开，好吗？

儿子，爱一个人，不仅是一种情感和意愿，更是一种责任和能力，爱一个人，就有责任给她快乐，就要有能力给她幸福。什么样的男人才是优秀的？优秀的男人必须符合社会、家庭的双重标准：在外，他要是一个有事业的成功人士；在内，他要是一个有责任感的丈夫或父亲。而这两者，都需要高度的责任感和良好的综合素质做基石。所以，妈妈建议你，做一个冷静的孩子，做一个有耐性的孩子，先修炼自己，让自己变得优秀起来。

儿子，妈妈刚看过这样一句话："我去过你现在去的地方。我曾经也是孩子……""带路意味着率先走在前面。因为我走在前面，你就可以相信我，因为我已经试探了前面的道路，我是过来人。我现在知道了走向长大成人和创造你自己的世界的道路中的收获和种种陷阱……不管发生什么，我都在你这儿，你可以相信我。"宝贝，相信妈妈，无论发生什么，妈妈都在你身边，当你遇到困难的时候，无论你愿不愿意告诉妈妈，你都可以投进妈妈的怀抱，让妈妈的怀抱为你驱逐你成长的困惑和迷茫，好吗？

宝贝，让妈妈陪你渡过这道坎，好吗？

也许这封信的效果不怎么好，但我似乎只有这么做了。这种方式，也许起不了什么作用，但放在床头边，他还可能看进去几眼，思考片刻。退一步讲，即使起不到作用，但至少不会让我和儿子发生正面冲突。每个人都不愿意做被人控制的傀儡，一旦外人代替自己做出选择，并将这种选择强加于自己，就会使自己在无形中产生强烈的心理抗拒。这就是很多家长的干预不仅没有让两人分开，反而把两人紧紧捆绑在一起的根本原因。所以，当问题发生时，我采用了这种较为温和的方式。

除了这封信，那段时间，我还时不时拥抱拥抱孩子，让他感受我的温暖和关爱。据说，在孩子的成长过程中，家长的怀抱具有神奇的力量，它能让焦躁趋于平静，让委屈慢慢消融。家长的怀抱，是世界上最安全的地方。

再后来，我采用"去神秘感"的方法，并不刻意避讳这件事，偶尔会主动和儿子聊起女孩的话题。把话说开，可能就便于打开那个束缚的结。在这一断断续续聊天的过程中，儿子陆陆续续给我了很多信息，有次去学校，儿子指着车棚说："妈妈，这就是当时的案发现场。"原来，最初两人就是从这儿一起推自行车一起出校门时被女孩家长发现的……这样的聊天，不是逼问，不是取笑，更不是探寻隐私，而是一种交流。其实，我是尝试在交流中带领儿子慢慢走出情感的旋涡。是啊，

九、当面对扑面而来的"爱情"时

当你喜欢某个人时,你的话题不总围着那人转吗?在家里谈一谈,儿子可能就释然了。如果家长不帮助他释然,他是否还会再想其他方法呢?当然,这中间,也有一个度,太多的絮叨,肯定也不好。

当然,在这一过程中,我也引导儿子要正确对待最后的结果。告诉他,两个曾经要好的朋友分开了,不管什么原因,都不要怨恨,爱是美好的,要感谢对方曾经欣赏过自己,感谢对方给了自己一段不同寻常的经历和体验。

儿子,妈妈在期盼,期盼你在该努力读书的时候努力读书,更期盼你在该恋爱结婚的时候领着一个女孩对我说:妈妈,请您把我交给她吧。那时候,妈妈一定是欣慰的,不管她是丑还是俊,不管她是高还是矮……

十、成长，请带上这些信

写给即将上高中的儿子

亲爱的儿子：

　　明天，你就要跨入高中大门，正式成为一名高中生了。高中三年，是人生中很关键的三年，甚至能决定今后人生的走向和未来的高度。你是一个理性的孩子，但站在高中门槛上，我还有几句话对你说，因为在我眼里，你始终是个孩子。

　　第一，学习方面，不要只依靠自身的聪明，要珍惜课堂40分钟。

　　初中阶段，你学得很轻松，即使毕业前夕，你晚上的学习也不会超过22：00，但大多数孩子只作业可能就要写到深夜。后来才知道，你找了一条捷径：课堂上，当你觉得老师讲得不太重要时，你就开始写作业了。

　　宝贝，这似乎是条捷径，但其实这个方法不科学。上学不是为了写作业，作业是学习之后的巩固和练习，课堂才是学习的主阵地，所以，课堂上你一定要认认真真听讲。也许你会觉得"一心"可以"多用"，我承认有时候可以"一心多用"。例如，我们能边散步边嚼口香糖，边织毛衣边聊天……但仔细分析就会发现，这是两项不需要认知投入且各不相干的身体活动，其中一项只要有熟练的动作就可以了。而听讲和做作业呢？这两项活动都需要认知投入。据科学分析，当大脑注意力在甲项和乙项间来回转换时，就会产生认知消耗。有科学研究表明，一个人在完成任务时被打断，需要多花50%的时间，而且会多犯50%的错误。

相比于初中课程，高中学业的深度和宽度都拓展了很多，所以，你一定要端正学习态度，抓好课堂40分钟，提高学习效率。

儿子，学习有三个层次：懂、会、通。上课能听懂，这是达成了学习的第一个的层次；课堂上能听懂，课下会做作业，这是达成了学习的第二个层次；不仅会做作业，而且还能把所学知识融会贯通，这就达到了"通"的层次。也就是说，学习不能只求"懂"了，更要求"会"和"通"。为做到融会贯通，当堂知识一定要当堂掌握；有疑问要及时向老师请教，及时解决；作业、考试中出现的错误要重视，要弄清楚错在哪里，为什么错了，一定要把它记入错题本，以备以后查阅。高中学习，要的是脚踏实地，切不可耍小聪明。

第二，慎重交友，在合适的时间做合适的事情。

高中是人生中一个重要阶段，你处于一个还没有完全长大但又已基本长大的阶段。人的心理需求大致分为三个阶段：幼儿阶段渴望得到父母的认可；小学阶段渴望得到老师的认可；随着年龄的增长，同伴认可的力量逐渐超过了父母和老师的力量。你现在就处于同伴认可阶段，同伴的价值观和世界观可能会直接影响到你行走的方向。所以，爸爸妈妈慎重告诉你：交友一定要慎重，要敢于坚持正面的意见，即使自己可能会受到孤立。

儿子，除了要选择几个好朋友，妈妈还想郑重告诉你：一定要悦纳自己。人与人是不同的，正如玫瑰花和小草，小草没有玫瑰花的艳丽，玫瑰花也没有小草的碧绿。人也一样，每个人都有许多与生俱来的特质，例如相貌、身高、力气，甚至还有智力。老师经常说"是金子总会发光"，但也许你会发现，其实会发光的金子很少，很多人都不是金子而仅仅是沙子。如果有一天，当你发现自己很普通很普通，普通的仅是一粒沙子时，千万不要自我放弃。一粒沙子也可以大有成就：躲进蚌壳就可以长成一颗珍珠；与水泥搅拌成混凝土，就可以去黏合一砖一瓦。儿子，记住，不论是微如尘土，还是凡如细沙，人都可以创造自己的价值，因为人都是带着自己的使命而来的。

儿子，高中，你可能会遇到爱情，对于这份感情，妈妈单独给你写了一封信——《如果高中遇到"爱"》，希望你能读进去。

第三，任何时候，底线都不要触碰。

儿子，要做一个有底线的人，底线是绝对不能触碰的。就如爸爸妈妈时不时也会吵架，有时也会吵得一塌糊涂，甚至还会离家出走，但我们也有底线——绝不提离婚。

对你来说也是这样，生活也是有底线的，底线也是不能触碰的。例如，当你急需一笔钱而零花钱不够时，如果你不愿意向爸妈张口，你可以从爸妈的钱包里悄悄拿走几十元钱（爸妈更支持你向爸爸妈妈张口说明原因申请增加零花钱），这些爸妈能理解，但你绝对不能从其他人的钱包里悄悄拿钱，这就是底线。再如，你可能会对某个女生有好感，这点，爸妈一点都不意外，但绝对不能有亲密的肢体接触，作为一个男孩，一定要尊重女孩，保护女孩。肢体接触，是底线，绝对不能触碰。

再如，你长大了，可能会对爸妈、老师或者其他人的某种做法有意见，有意见可以表达，但绝对不能用咆哮的方式来表达，这，也是底线。还有，吸烟、喝酒、看黄色电影，这些都是底线，绝对不能触碰。

儿子，高中阶段是心理成长的迅猛期，是内心世界的积淀期。妈妈期盼着你健康、阳光、灿烂地成长，用心去爱家人、爱老师、爱同学，要关心每一个需要关心的人，要帮助每一个需要帮助的人，要使自己的胸怀日益博大、自己的视野日渐开阔。

儿子，经过初中的尝试，你已经明确了自己的兴趣和爱好。高中阶段，在保持兴趣爱好的同时，要继续往深层次的方向去努力、去思考，形成自己敏锐的思维、独特的视角、深邃的理解。在处理事情时，既要考虑自己，更要考虑他人，处事不要斤斤计较，有时候退一步会有新的世界，这样，你会成为最受欢迎的那个人。

儿子，人生的路只能自己走，爸爸妈妈只是你人生旅途的关注者，我们只能为你提供一时的帮助。总有一天你会离开我们，为你的理想去奋斗，爸爸妈妈和你一样，也在憧憬着你的未来，但今天，你一定要走好脚下的路！

儿子，爸爸妈妈相信你，你永远是我们的骄傲。无论你走到哪里，爸爸妈妈都在陪伴着，爸爸妈妈更在期盼着……

妈妈
2012年8月28日

如果高中遇到"爱"

亲爱的儿子：

　　祝贺你成为一名高中生。站在高中门槛上，除了学习、交友、运动的话题，还有一个话题不得不说，这个话题就是"爱情"。

　　儿子，高中三年，优秀的你可能会被某个女孩喜欢，也可能会喜欢上某个女孩。如果有女孩喜欢上了你，妈妈恭喜你，恭喜儿子在同龄女孩的眼中是优秀的；如果你喜欢上了某个女孩，妈妈也要恭喜你，因为儿子的恋爱取向是正常的。被人喜欢或者喜欢人是一种很美妙的感觉，妈妈恭喜儿子有了品尝这种感觉的机会。但，妈妈还是想提醒一句：爱情是件奢侈品，需要投入大量的精力和物力，读高中的你尚且年轻，如果高中遇到爱，妈妈还是想给你提几点建议。

　　如果爱情扑面而来，妈妈的首要建议是克制。是的，要克制，你慢慢就会知道，每个人的心底都有一扇神秘的门，里面藏着许多不为人知的东西，有的可以在合适的时候拿出来与人共享，但有的也许永远只有自己知道。

　　给你袒露一个秘密吧。妈妈年轻时也曾有过刻骨铭心的"恋"。当妈妈清楚了那份情感后，你知道妈妈多紧张吗？我拼命压制，把一份犹如火焰的情感深深地埋在心底，尽管犹如烈火炙烤，但我还是选择了隐忍和努力学习，我希望我的发言能引起他的关注，我希望取得优秀的成绩对得起那份喜欢。从那时起，我开始写日记，在日记中倾诉自己的烦恼或喜悦，现在想来，这样的书写也很好，这是很好的排遣和疏通途径。后来，我见到了他的未婚妻，当我看着另一个曼妙的姑娘和他走在一起是那么完美时，我忽然释然了，莫名地轻松了……就这样，一份轰轰烈烈的暗恋戛然而止，一场无人目睹但我独自一人舞得酣畅淋漓的舞蹈仓促收尾。

那段时间，尽管内心很煎熬，但我还是选择了克制。宝贝，我相信，只要坚持，就一定能够忍受下来。喜欢一个人很正常，但关键是怎么对待这份喜欢。怎样才算真正喜欢一朵花？把它从枝头摘下来据为己有？那只能让花儿凋零。真正的喜欢，应该让它在枝头尽情怒放，开放出属于它自己的灿烂。同样，青春，属于成长的季节，喜欢一个人，也应该给她一份安静，让她能从更为广阔的生活中吸取营养，蓄积力量，慢慢成长。对于一个男孩子来说，他更应该认识到：爱，不仅是情感和意愿，更是责任和能力。爱一个人，就有责任让她快乐和幸福，也要有能力让她快乐和幸福。儿子，你不会永远和父母生活在一起，终有一天，你要走出我们这个家，独自担当一个男人的责任，去保护你的妻子和孩子。为了更好地担起这份责任，为了更好地提升自己的能力，妈妈建议你，如果高中遇到爱，不是一下课就去买零食献殷勤，不是短信发来发去，也不是周末一起聊天吃饭，而是先努力把自己修炼成一个优秀的男人。

儿子，想遇到优秀的女孩，首先要让自己修炼得更优秀。枝头最高处的果子最甜美，因为它经了那么多风，淋了那么多雨，也晒足晒够了那么多阳光，只有经历了这些，果子才能自内而外地散发出诱人的芳香。宝贝，想成为那个诱人的苹果吗？想品尝香甜的苹果吗？那就必须给自己时间，也给她时间，在时间中经受风，经受雨，经受阳光……酒，弥久醇香；感情，也是这样，遇到了，就先雪藏起来，过几年再打开，不也很好吗？

当然，如果相互欣赏的两个人在一起，也是一件很美好的事情，但，那要怎样在一起呢？妈妈再提一条建议：尊重情感，把握尺度。

恋爱是件很严肃的私人事情，它有极强的私密性。感情不是拿来玩的，恩爱不是用来秀的。任何事情都有底线，在众人面前打情骂俏，是对别人享用公共空间的侵犯。儿子，发自内心的爱，应该内敛而含蓄，那些招摇和显摆的，多数是填充寂寞的添加剂。

儿子，千万不要忘记，比爱更重要的是尊重，无论爱还是不爱，都要尊重和保护对方。中学阶段，爱的底线是不能有亲密的肢体接触，不能有性行为的发生。尊重、保护自己喜欢的人，应是男士的风度，否则，他就只是一个男性而已。儿子，妈妈郑重地告诉你：如果爱，请尊重情感，更请把握尺度。

不得不说的是，有恋爱就会有失恋。不管什么原因，如果两个曾经要好的朋友分开了，请不要怨恨、仇视对方。爱是美好的，不管这份爱维持了多长时间，我们都要感谢对方曾经欣赏过自己，感谢对方给了自己一段不同寻常的经历和体验。即使发现对方不是真的爱你，而是利用和欺骗了你，也不要怨恨，不要蔑视，因为面对不值得怨恨的人，自己要学会节省感情。

儿子，做一个大度的人。即使自己很痛苦，哪怕痛苦得感觉到了世界末日，也依然要尊重对方、爱护自己。失恋时，很多人都认为世界到了末日，因为我们总是一厢情愿地认为世界上有很多唯一：唯一适合的人，唯一适合的事。其实不然，很多事情并不是唯一的：适合自己的职业不是唯一的，适合自己的伴侣也不是唯一的。没有一个人的出生只是为了等待另一个人。失恋了，很痛苦，这是必然的，但痛苦结束，自己还要尽快站起来，别在痛苦中迷失自己，更不要因痛苦而伤害自己。人要善待别人，也要善待自己。人活着不只为了恋爱，失恋后，消沉一段时间，是可以理解的，但一定要重新振作起来。人活着，不只为了恋爱。

如果失恋了，妈妈建议你通过运动排遣或者写日记诉说，妈妈也希望你能到妈妈的怀抱里。儿子，我也曾经青春年少，你的所有的经历和情感我都能理解，不管发生什么，你都可以到妈妈的怀抱里躲避风雨。儿子，如果你愿意，我的怀抱随时在等你。

  儿子，爱人和被人爱的感觉是甜蜜的，但有时也是煎熬和痛苦的，所以，请慎重对待感情，尊重感情，把握尺度！妈妈在期盼，期盼儿子能遵循成长的规律，在合适的时间做合适的事情，期盼你在该努力读书的时候努力读书，更期盼你在该恋爱结婚的时候领着一个女孩对我说：妈妈，请您把我交给她吧。那时候，妈妈一定是欣慰的，不管她是丑还是俊，不管她是高还是矮……

妈妈
2012年8月30日

人，不需要太坚强

——写给遭遇失败的儿子

亲爱的儿子：

  今天，你哭了。你给我说起这次考试成绩时，委屈的泪水夺眶而出。那一刻，我的心很疼很疼。

  一个月前的那次考试，你取得了较大的进步，这次考试，你当然想保住那个名次。听你说，考场上你非常谨慎，不允许自己有丝毫失误，但不如意的事常会发生，理综考试时，因为太过谨慎，导致前面试题花费时间太长，整张试卷没有做完。

  回家后，你把自己关在房间，很长时间没有出来。最初，我以为你在房间玩手机，但一说话，我才发现你已泪如雨注。那一刻，你呈现出了一个孩子的脆弱。看着你泪流满面的脸，你知道我那一刻的感觉吗？

也许你根本想不到，看着你流泪，我有两种强烈的感触：既心疼又欣慰。心疼就不用说了，妈妈的心头肉在哭，妈妈能不心疼吗？但除了心疼，我更多的是欣慰，这点似乎让人很不理解。儿子，在我眼里，流泪是委屈，但也是释放，你能痛痛快快地流泪释放，没有让压力积压在心头，这是一件值得欣慰的事。是的，当遇到委屈时，不要太压抑自己，想哭就痛快地哭出来吧，什么"男儿有泪不轻弹"，那是妈妈不在身边。在妈妈身边，我不想让你成为钢铁战士，我不希望你压抑内心的委屈。勇敢，不是你不委屈不脆弱，而是即使你哭着，也仍然坚持走完这些路程。

儿子，不管什么时候，家是最放松也是最安全的地方，所有的伪装都可以去掉，所有的脆弱和委屈都可以释放。在今后的日子里，即使在远离妈妈的日子里，如果累了，如果受委屈了，回到妈妈身边，回到你的那张床上，痛痛快快地哭一阵子，也是一种很好的调节方式。儿子，我不盼望你过度地坚强，如果你愤怒，你就找个无人的地方大声呐喊；如果你哀伤，你就躲在房间里大声哭泣；如果你热爱，你就喜悦地去表达；如果你喜欢，你就大胆地去追求……

亲爱的儿子，人是一个复杂的个体，我们的社会也有很多约定俗成的衡量标准，但是，儿子，说真话，我不期盼你太完美，我也不期盼你太坚强，当有苦闷淤堵的时候，该发泄就发泄出来吧。

最后，我要说一点我对学习成绩的看法。学习成绩有起有伏很正常，我们要关注成绩，但更应该关注平时的学习状态和学习方法；人生要经得住失败，要相信生命赐予你的每次失败都有它独到的意义，只要能认真总结，就能从中有所收获。一次考试说明不了什么，不要把一次的成败看得太重，人生既要经受得起喜悦的冲击，也要承受得住失败的打击。儿子，请你相信，一切经历都是财富。

妈妈

2014年7月8日

写在高三启程时

亲爱的儿子：

从今天起，你就要踏上高三的征程了。高三，在人的一生中是一段比较重要的历程，在此，爸妈想告诉你几句话。

第一，高三既要紧张又要适度放松。高三生活无疑是紧张的，高考日期的逼近，一次又一次的模拟考试，你所处的氛围肯定会越来越紧张。在这关键的一年，你一定要收收心，把初中、高一、高二时投放在体育和课外活动上的精力转移到学习上来，因为这是搏击的时候了。但有这样的要求，也不是意味着这一年就必须要单调和枯燥，学习累了，可以适当踢踢球，弹弹吉他，唱唱歌，侃侃大山，这些都是调节。做这些活动，貌似浪费了时间，但其实会进一步提升学习的效率。所以，高三一年，要在目标明确的基础上保持张弛有度的节奏。

第二，保持良好的心态，不要有过多的压力。对于成功，不同的人有不同的看法。在爸妈眼里，大学的品牌是重要的，但更重要的还是人本身的能力和素质。人生是一个过程，只要努力了，考上任何一所高校，你都是爸爸妈妈的骄傲。儿子，我们相信，你一直都很优秀，只要努力了，能够充实地走过高三这段时光，你就是我们的骄傲。

另外，要有一颗平常心面对平时的模拟考试，考好了固然高兴，考不好也不要太过沮丧。高考前所有的考试，都是为高考查漏补缺的，从这点上来说，高考前能发现自己学得不扎实的地方，不一定是坏事。运用辩证的态度看待考试，保持一颗平常心，这是高三最应该保持的心态。

第三，关键时刻要注意学习效率、学习方法。高三，一套又一套试卷铺天盖地而来，但，一定要知道，做题是手段而不是目的。高三不能只忙碌于做一套又一套试题，而是要通过做题梳理、巩固以往的知识框架，构建出新的知识网络，发现和弥补以往的疏漏和不足。特别是第一轮复习，对你来说，高一时稍微有些放松，就更应该抓好第一轮复习，对所学知识进行一次详细的梳理。在这一过程中，针对练习中出现的错误要及时记录在纠错本上，经常翻看，从而厘清题意，避免再次犯错。

第四，要从细节上克制自己。儿子，细节决定成败。在细节方面，你有两个方面需要特别注意：一是适度使用手机。网络犹如一个巨大的黑洞，会强有力而又不知不觉地吸走很多时间。网络的特点就是迅速，时时刻刻都会有更新的信息，英超、德甲、西甲等联赛的消息也在不断更新中。而在高三这一紧张的时刻，你一定要学会克制，尽量在这方面不浪费时间，特别是关灯后在床上不能再使用手机，既有损视力，又影响休息。二是把握和同学的交往尺度。与同学之间的交往要保持恰当的距离，避免某些意外影响心情和学习状态。

儿子，从今天起，你踏进了一个对你来说相对比较重要的阶段。把握好每一天，让每一天都能充实地、有收获地度过，这是爸爸妈妈最大的愿望！儿子，爸爸妈妈在期盼着，也在祝福着！

妈妈
2014年8月30日

人生要学会做减法

——写在儿子高考前

亲爱的儿子：

你一向粗线条，把多数人眼里的"黑色高三"轻描淡写地说成"高三无非就这样"。整个高三阶段，你的生活和学习状态基本没有改变：体育课照常踢足球，23：00点前准时睡觉。但进入五月，你认真起来了，你说："从现在起，我所有的心思都要放在学习上了，足球不踢了。"你还说："从现在起，我要从午休中压缩出半个小时进行理综训练。"人是矛盾综合体，前段日子，当你照样踢足球、照样正常午休、23：00点前准时熄灯时，我还暗暗担心，唯恐你太轻松、太大意。但当听到你忽然说要把爱好暂时搁置起来，甚至压缩午休时间进行学习时，我既欣慰又有所顾虑。

欣慰的是你终于把高考当成了高于足球的头等大事，但我又有了极大的顾虑：怕你有太大的压力。所以，犹豫一番，我决定对你说：儿子，人生要学会做减法。

人生要学会做减法，减掉一些不该背负的重担，面对高考更要如此。我承认大学的起点很重要，重要得和人生的起点差不多。有的人一出生就拥有的东西，是其他人用一辈子的努力也换不来的。尽管这样，但我还想说：起点很重要，可今后的过程也很重要，同样起点的人，几十年后也会有不同的发展高度和发展方向。所以，面对高考要重视，但不要过于焦虑，用一颗平常心对待即可。你平日的学习成绩处于中上等，我已满足，从未奢求过你考年级前几名，我知道为了得到最后几分付出的是什么，那样的奢求是一种折磨。平日里没奢求，所以面对最终的考试也不要有过高的要求，保持一颗平常心，不奢望，不苛求，只要能够正常发挥、不留遗憾就好。

伴随紧张高考季到来的，还有你的18岁生日。踏进18岁的门槛，你将成为一个独立的存在，你的世界也会一下子开阔、灿烂起来。从此，你要独立面对各种各样的事情。当面对种种事情时，我还想告诉你：一定要学会做减法，减掉对自己对生活过高的期望，减掉对荣誉对物质过度的追求，允许自己失败，接纳自己的不完美，接纳不完美的自己。

曾听过这样一个故事：一个留学生在国外大学连续两年考第一，但导师并不看好他。直到第三年，当他选修了自己不太擅长的学科，考试没有得到满分时，他的导师才给他投去欣慰、释然的目光。原来，以前的他为了保持第一，对自己没有把握的学科从来不敢涉及。那个时候，"第一"的位置牢牢控制了他，他的所有行为都是为了"第一"，如果哪个学科没有得"第一"的把握，他宁可选择放弃。其实，他还是他，考取第一不能证明他优秀，因为他只是选修了自己擅长的学科而已；没有考取第一不能说明他不优秀，因为他选修了自己不擅长的学科。直到他选修了自己不擅长的学科，这才真正表明他放下了"第一"对他的控制，这也是导师露出欣慰笑容的真正原因。

"第一"的荣誉是重要的，但"第一"的荣誉又不是最重要的。世界上哪有那么多的第一呢？你自小生活在一个夸奖多于批评的环境中，种种夸奖和表扬似乎只指向一个终点：你必须优秀，因为你拥有这么多优秀的条件。但每个人都不是完人，每个人都带着或多或少的缺陷和不足在世界上行走。所以，我想对你说：抛开别人口头上赋予你的光环，要接纳自己的不完美，接纳不完美的自己，这也是成长的必修课。不要害怕出错，世界上也不会有从不出错的人。如果你从不出错，这是一个悲剧。一是自己太累，二是你周围的人会视你为怪物。让自己在无伤大雅的时候出一点小错，不会暴露出你的无能，只能彰显出你的可爱。

  儿子，未来的路很长，一定要学会做减法，要学会减掉那些没有价值的东西。做事情可以追求完美，但不要成为完美主义者，要允许自己不完美，要接纳不完美的自己。儿子，这一切，你能懂吗？

妈妈
2015年5月20日

为就业还是为梦想

——写在填报高考志愿时

亲爱的儿子：

  六月已经结束，一切都随着六月的结束而揭晓：601分，高出一本线72分。

  在别人眼里，这已经是很不错的成绩了。但，成绩出来后，我们还是不太能接受，因为你的数学成绩只有98分。数学考试时，你把$\sqrt{2}$错抄成$\sqrt{3}$，在这道题上纠结了40分钟，导致这道题没有做出来，后面的题做得也很仓促。问你为什么不早点放弃，你解释说，你总觉得做题思路没有错误，总觉得再推一遍就能推出正确的数字。就这样，一遍又一遍，不知不觉就花去了40分钟时间。当你推了一遍又一遍仍然没有结果时，看看表，距离交卷只有35分钟了，你只有不甘心地放弃。于是，你用35分钟的时间匆匆写完了后面的三道半大题。可想而知，这35分钟你是多么匆忙，尽管三道大题也做了出来，但书写和步骤难免有不周全的地方。这样说来，数学只有98分，也似乎不太出乎意料了。

尽管数学成绩不理想，但好在其他学科发挥还正常，最终取得了高出一本线72分的成绩。儿子，谁能保证自己没有一点失误呢？失误就失误了吧，高考本身就是一个遗憾的事情，从这点上来说，我们的遗憾也就不成为遗憾了。

任何经历都是财富，特别是对于有思想的人来说。高考前，我们的态度很乐观，因为我们的要求似乎不太高。但现在，有了这点挫折，妈妈明显感觉到你对未来的定位和思索，你原本就是一个有主见的孩子，站在这个选择的路口上，你更显出了你的主见。我们建议你选报国防生，因为在大多数人眼里，这似乎也是条捷径。但你的想法让妈妈大吃一惊，你觉得国防生限制了今后太多的选择。既然你的态度那样坚决，爸爸妈妈就尊重你。在我们眼里，你是自己的主人，你应该学会自己去选择，自己去面对，自己去承担。不要轻易地放弃任何一个机遇，也不要轻易地做出任何一个承诺。对于每个考生来说，机会只有一次，拥有这个机会的同时就意味着放弃了另一个机会。听了你的分析，我们毫不犹豫地放弃了这个机会。面对高考志愿，我又逐渐看出你的不同。填报高考志愿，大多数人想的是热门专业，而你在考虑这些的同时，又重点考虑爱好和特长。你说："妈妈，对这个专业我是发自内心的喜欢，而不仅仅是因为这个专业毕业容易就业。"儿子，这些思索和定位也是成长中的收获。

是的，选报志愿时，不能只考虑今后的就业方向，一定要考虑自己的爱好和特长，特别是对于有爱好有梦想的孩子而言。现在，志愿已经确定下来，但志愿定下来不代表就不再需要思考：心仪的学校录了，那当然是极其高兴的事；如果录取结果不理想呢？

我们没料到，你说："如果心仪的学校和专业录取不了，我就复读。"

儿子，复读也不能说不是一条路。我只提醒你，在做出任何一个决定前，都要综合考虑多方面因素，就如你在面对国防生时的思考一样。你是个有梦想的孩子，如果你愿意复读，愿意朝着自己的梦想再努一把力，妈妈支持你，留一年，再给自己一次机会，再朝着梦想搏一把，也是一个不错的选择。正如你所说，自从高二下半学期，你才开始努力，一年半的机会，你已经跨进年级前几十名。如果说，这一年半的学习，对知识尚属粗线条的勾勒，我相信，如果再有几个月的静心雕琢，如果再有一次机会，你应该能冲进自己心仪的学校，去读自己心仪的专业。话又说回来，即使失败了，也丝毫不后悔，毕竟自己曾经朝着梦想努力过。更何况，你又无形中多陪了妈妈一年，把我们相亲相守的时间延长了一年呢。

当然，如果你选择去上大学，妈妈更支持你，我相信，大学一年的收获一定会远远大于"高四"一年的收获。人生的路很长，这才仅仅是个起点，起点是重要的，但起点绝对不能决定终点。人生是个漫长的过程，也是个需要不断努力不断进取的过程，即使踏上的是同一条路，但一条路上也有很多不同的岔口，走着走着，人就有了很多方向。儿子，我相信，只要努力，新的机会就在等着你。

宝贝，无论你选择哪条路，妈妈都支持你，无论你选择什么，只要你觉得不愧对自己，妈妈都支持你。儿子，真的感谢你，感谢你的阳光灿烂，感谢你的努力坚持，感谢你让自己成为一个有梦想的孩子，感谢你让自己成为一个优秀的自己。这一切，是对自己最好的回馈，也是对爸爸妈妈最好的报答。

儿子，很多事情无法挽回，流逝的时间，交上的考卷，坦然接受失误，这是成长的必然过程。接受不能改变的，改变能够改变的，这是我们面对任何一种情况时都应该选取的最积极的态度。儿子，我们在祈祷着，也在期盼着。儿子，你永远都是妈妈的骄傲，你永远都是妈妈最得意的作品（没有之一）！

妈妈
2015年6月26日

十八岁，我对你说五句话

亲爱的儿子：

今天你十八岁了，祝福你终于破茧成蝶，跨进十八岁的大门！

其实，距离这个日子愈近，我的心里愈恐慌，我一边默默祝福着，一边又偷偷抹着眼泪。对于这一天，我本能地期盼着又本能地抗拒着，想到长大的你即将一点点远离我们的生活，你可知道我和爸爸的心情是多么复杂吗？父母似乎都是抹杀时间的高手，你蹒跚着迈开第一步的身影，仿佛还在眼前；你第一次喊出"妈妈"的稚嫩声音，似乎还在耳旁回荡；第一次上幼儿园，你哭泣的泪珠似乎还挂在脸上……这一切仿佛都还是昨天，但一转眼，你怎么就长大了呢？

你真的长大了。你的肩膀已那么宽厚，已为担当做好了准备；你的身材已那么健硕，已为远行做好了准备；你的思想和见解渐趋丰满，已能接受陌生环境的挑战……我必须承认，儿子已经长大了，跨进十八岁的门，在法律层面上，你已经成为一个独立完整的担当者。儿子，我非常理解站在十八岁门槛上的人对未来的渴望和向往。作为一个也曾经年轻过的人，在这个隆重的时刻，我想对你说五句话。

第一句话，懂得感恩，心存温暖。十八年的时光，是漫长的也是短促的。十八年，你从一个牙牙学语的孩童成长为一个健壮的青年，这其中，不只有时光的力量。十八年来，你遇到了那么多呵护你、陪伴你、帮助过你的人，对他们一定要感恩。尽管父母和老师是自觉自愿地把养育、陪伴、引领你当作自己的义务，但这并不代表不需要你感恩。自小，有那么多老师喜欢你，他们在尽心尽力地工作之余投入了诸多情感，所以，请在自己成人之际，对曾经教育过、陪伴过你的老师说声感谢，感谢他们这么多年的陪伴和引领，感谢他们这么多年的尽心和尽力。感恩成长路上遇到的每一个给你温暖和鼓励的人，哪怕仅仅是一句温暖的话、一个鼓励的眼神。没有谁必须为我们做什么，所以，当别人为我们送来温暖时，我们一定要懂得感恩。当然，你也要感恩十八年来自己的坚守和奋斗，特别是紧张的高中生活，在严酷的高考现实面前，所有的一切都在磨砺你的心智，从这点上来说，对自己也要说声感谢。记住，爱抱怨的心态永远不如爱感恩的心态，爱抱怨的人生永远不如爱感恩的人生，因为在心存感恩的人的眼里，世界是辽阔的，更是温暖的。

第二句话，坚守底线，心存敬畏。儿子，十八岁，世界向你敞开了它所有的门，但你可知道，外面的世界有多丰富，就有多少的诱惑和风险。站在这个门槛上，我郑重地对你说，儿子，一定要有规则意识，一定要心存敬畏。

要成为一个有底线的人，要对自己保证，今后的路上，无论遇到什么样的情况，都要坚守底线。例如，绝对不能沾染黄、赌、毒，在这三者面前，绝对不能有丝毫的侥幸心理；绝对不能漠视自己的生命或者他人的生命，无论遇到多么大的艰难或困境；绝对不能触碰法律禁止的所有行为，无论你处于怎样的困境中……我们都只是芸芸众生中普普通通的一员，坚守底线，让家人因为你的存在而安心而踏实，这是你应该做的，也是我们最大的期盼。

第三句话，人生路上要学会做减法，不要为虚名所累。儿子，不要背负太多的负担，人生路上，要学会减掉那些没有价值的东西，要减掉对虚名和物质的过度追求，甚至要减掉对自己的苛求，要允许自己失败，接纳自己的不完美，接纳不完美的自己。

其实人生中没有那么多的必须，有很多的必须原本就可以放弃，每个人都不是完人，每个人都带着或多或少的缺陷和不足在世界上行走。行走的路上，要学会减掉那些没有价值的东西，让自己的行走更轻松，让自己的身影更潇洒，让自己的生活更有趣味。

第四句话，志存高远，让自己遇到最好的自己。未来的路上，你会遇到很多不可预测的挑战和困难。当遇到挑战和困难的时候，不要轻言放弃，要告诉自己："再努力一把，再坚持试试。"就像我们那次徒步濮上园一样，我们走了22公里，最初走到10公里时，我们都觉得坚持不下去了，但坚持着走下去，我们不也坚持走完了吗？当然，这跟人生做减法的告诫并不矛盾，那是告诫你面对外在的欲望，要学会做减法，但成长的脚步绝对不能停息，坚持不一定能时时得"第一"，但坚持一定能让自己遇到最好的自己。每个人的身上都蕴藏着不可测的能量，当遇到困难的时候再坚持一下，说不定就能迎来"柳暗花明又一村"，困难，很多时候就是成就自己的炼金石。有一种意识叫"终点意识"，就是说，想让自己在终点时是什么样子，现在就朝着能成为那个样子的方向努力。这条路上，一定会遇到困难，遇到困难时，千万不要忘记了自己的志向，千万不要轻言放弃。

最后，我要说一句感谢。儿子，感谢你，是你让我和爸爸成为父母，让我们的生命更加"完整",让我们体验到生命层层开放的神秘与欣喜,完成了人生一次艰难而华丽的蜕变;是你让我们在众多称谓中有了"父母"的称谓,圆满了我们的人生,丰富了我们的阅历,体验到尽情的爱是一种自由。看着你一天天长大,我由衷地感谢上苍把你赐到了我身边。孩子,感谢这场相遇,感谢你的存在,让我们实现了做父母的价值。

世界上的爱有很多种,很多爱都是以相聚相守为目的,但唯有父母对子女的爱,是以分离为目的。尽管我的内心有着诸多不舍,但看着你矫健的身躯,我们也已经准备好了放飞,祝贺你健康成长,祝贺你即将展翅翱翔;感恩前行路上遇到的所有的师长,感恩未来路上即将遇到的每一个人。未来的路上,我们等着分享你的快乐,也等着和你分担忧愁。泰尔戈曾经说:无论黄昏把树的影子拉多长,它总是和根连在一起。儿子,无论你走得有多远,我们的祝福和期盼总是紧紧地跟在你的后面,当你累的时候,当你有困惑的时候,回过头,你会发现,我们仍在你的身边!

儿子,收拾起行囊,启程吧!记住,十八岁,权利与义务同在,责任与担当共存!

妈妈
2015年8月28日

这一年,只为梦想

——写给选择复读的儿子

亲爱的儿子:

尽管你拿到了某重点大学的录取通知书,但你依然做出了一个出乎所有人意料的决定——选择复读。

考场上，由于一时的粗心，你的数学仅考了98分，这和平时的成绩有很大的差距。你是个要强的孩子，对专业方面，你有自己的方向；对学校方面，你又有自己的底线。所以，考虑一番，你分别选择了甲和乙两所学校，对于甲，那里有着你喜欢的专业，你想冲一冲；对于乙，那毕竟是一所中等的985院校。对于上述选择，最初你还满意，我们都认为，能冲上理想的学校当然高兴，冲不上理想的学校，能走个985院校也很不错。但没想到，从填报志愿到录取，你又有了重大改变，你说，如果甲不录取，你就再为梦想冲一把。

刚开始，我们都以为那是你的戏言，因为我们都清楚复读的成本，这其中，不仅有时间成本，更重要的是心理压力。那几天，夜半醒来，我发现你房间的灯还亮着，推门进去，看到你静静地在床上坐着，对于贪睡的你来说，这确实有点反常，问你在做什么，你说："在思考。"

那一瞬间，我的心很疼。我知道，外表貌似平静的你，内心正在做着极度的挣扎，你在"走"和"复读"的极度纠结中做着艰难的选择。但心疼之余，我又有了一丝欣慰：如果这次挫折能促使你学会思考，能让你再次明确自己的梦想，这样的挫折也算有了一定的意义。

我不知道经过几个这样夜晚的挣扎，7月16日，当我要去西藏时，你释然地对我说："妈妈，18日录取结果出来，要么是让爸爸买鞭炮庆祝一下，要么就是我去买'五三'（《五年高考三年模拟》的简称）复读。"你是这样说的，也是这样做的。7月18日上午得知档案被乙校提走，你去跟同学聚餐了；午餐后回来，你已买来近300元的复习资料。

当时我不在家，我没有看到你当时的表情。爸爸说，看到你买回来的一堆复习资料，他足足呆了两分钟，他也不知道，你怎么有这么大的决心和毅力。

听到这个消息，我很心疼。是啊，你该是多么的不甘才会这样毅然决然地做出决定。我很纠结，我既怕建议你"走"给你造成终生的遗憾，又怕你"不走"承受复读的压力和负担。那几天，我身在外地看风景，但谁知我的心里还装有沉甸甸的心事呢。我甚至在想：回到家见到你时，你是否会哽咽呢？

但，我的担心是多余的。7月25日回到家，我看到的是一个极度释然和淡定的儿子，你似乎已经挣脱了纠结的茧儿。见到我便滔滔不绝地陈述你的人生目标和复读计划。看着你对未来的憧憬，我似乎糊涂了，我不知道今年的成绩不理想，到底是福还是祸。

但，我必须给你分析"走"和"留"的利弊，这是做父母的义务。我告诉你：复读也有诸多不可测，也许成绩会有大幅度的提升，但也必须考虑另外一种可能——成绩没有太大的提升。针对这点，你从今年考试的失误、高一高二的学习状态等方面做了一番分析，之后便得出一个结论：必须用一年的时间做一个弥补。

尽管认可你的分析，但我还是明确地告诉你，选择复读，就要过一年有压力但没有意义的生活。你回答说，为了以后能从事自己喜欢的工作，这一年的没意义，你可以忍。

从这个角度说过，我又从另一个角度说起。我告诉你，本科绝对不是终点，如果现在"走"了，考研时还可以弥补今天的遗憾。但你摇头说："妈妈，有些东西错过就错过了，是再也弥补不了的。"

好吧，那一刻，我的内心是复杂的，一方面为你放弃那所大学而遗憾，另一方面又为你有梦想且能坚持梦想而欣慰，更为你在不理想的成绩面前能做出客观分析并敢于做出选择而欣慰。经过这次挫折，你能清楚自己的方向，能找到自己的梦想，并有朝着梦想坚持努力的勇气，这难道不是一件幸事吗？

是啊，用一年的时间去实现一个梦想，为什么不可以呢？想想自己的行走轨迹，不也是梦想支撑的结果吗？初中毕业时，因为父母年迈而被迫选择中师，那时多么不甘心，我哭过、闹过，但最终还是选择了妥协；但工作两年后，自己不还是拿着积攒了两年的工资去大学圆了自己的梦吗？中师毕业时，我分到乡下，但不甘心的我不是通过一次次的考试一点点改变了处境吗？年届不惑，我又开始拼命阅读和写作，不也是为了有专业尊严吗？是不服输的劲头，支撑着自己走到了现在，遇到了现在的自己。现在，当你也要用一年的时间来搏一个梦想时，自己怎么就纠结了呢？我们常说，人生要有一场说走就走的旅行，要有一次奋不顾身的爱情，可为什么不能为了梦想再重新过一次高三的生活呢？

尽管内心支持你的决定，但还是提醒你再慎重些，在大学正式开学前，你随时都有改变的权利，无论你做出怎样的改变，我们都支持你。但你始终没有改变，并且还帮我分析：某某同学必须去上大学，因为他家里只有妈妈一个人，负担太大了；某某同学必须去上大学，因为他已经努力得都脱发了；某某同学不该复读，因为今年的考试已经超过平时的水平了……不是妈妈偏爱你，你的分析真的是正确的，至少我是赞同的。

8月下旬，部分高校陆续开学，你陆续去为同学送行。每次回来，我都在偷偷观察，看你是否有改变的念头，但谁知，你竟然一次都没有说过"想走"二字。

既然你已做出这样的决定，那我们就尊重你。未来的路是你要走，选择的结果是你要承担，我们就在帮你分析之后，把选择的权利交给你吧。儿子已经长大，这才是做重大决定的开始，以后的路上，你会遇到很多这样的选择：大学毕业后的就业问题、婚恋对象问题、结婚生子问题等。这些选择，和选择一所什么样的大学一样重要。任何选择都有利有弊，选择之前，明白自己想要什么，这可能才是唯一正确的依据。

儿子，你的未来你做决定，我绝对不做武断的干涉。选择的结果要你承担，所以，选择也该由你来做。真正的母爱，应该是一场得体的退出。

儿子，既然做了选择，那就坚定地走起来，爸爸妈妈永远是你坚实的后盾。这一年，只为梦想，敢于做出这种选择，这本身就是一件很值得骄傲的事情！儿子，接受不能改变的，改变能改变的，用一颗淡定的心对待接下来的这一年吧！就算选错了，人生也不会因此就毁了！

妈妈

2015年8月28日

人生要学会说"不"

——写给儿子的悄悄话

亲爱的儿子：

近段时间妈妈很累，因为劳累，就想和你交流一个话题：人要学会拒绝，要学会说"不"。

9月开学季，妈妈接到了多个预约：有预约做杂志栏目特约编辑的，有预约做课程研发的，有预约做课题研究的，有预约做某阅读分站站长的，有邀请参加某学习训练营的……非常感谢朋友们对我的关注和提携，所以，面对这些预约或邀请，我表达感谢的唯一方式是毫不犹豫地答应，似乎答应得慢了就是对别人的不尊重。但一段时间后，我清楚地感受到全部接纳给自己带来的负担，感受到不会拒绝给自己带来的忙乱。

　　妈妈是个答应了别人无论再忙也要尽最大努力做好的人。近段时间，为了提醒自己不遗忘任何一件必做的事，我设定了手机提醒。但仅仅是两个星期，我似乎就患上了手机恐惧症——莫名地害怕手机的提醒声。11月4日，我业余时间完成了三项任务：早晨5:30起床写一篇约稿，8:00前交了作业；上午和下午，见缝插针地把某学习班6个徒弟的作业大约3万字看了一遍，写下1500字的评语，做了20处批注；晚上在QQ群进行了一小时的分享交流，当然，在分享交流之前，我还做了近两个小时的准备。

　　儿子，这是我一天的缩影。我肯定地说，这样的紧张对自己的成长肯定有好处，多年后的自己肯定会感谢今天勤奋忙碌的自己。但儿子，我还是想告诉你，如果让我重新选择，我肯定会舍弃一部分内容。人不能太"贪"，即使学习也不例外。一个人的精力和时间是有限的，一个人需要留出一点时间供自己浪费和消磨。以前周末的时候，妈妈会抽出一下午的时间，惬意地排空所有意念地坐下来喝喝下午茶、看看肥皂剧、坐在阳台上晒太阳、看看自己愿意看的书、写写自己想写的字。但近段时间呢？妈妈被一个又一个任务所驱赶，被一项又一项作业所逼迫，业余时间都塞满了作业和任务，那惬意的下午茶、那随心所欲的阅读和写作无疑都受到了挤压。这样的状态，真的不是我的初衷。

　　前几天，妈妈遇到一位极其佩服的名师，她了解了我的状态后说："素静啊，某某邀请我做某事，我拒绝了，我拒绝不表示那件事情没意义，而是我实在没有精力去做。"她说的某某是一位有名的儿童文学家，这是发生在一位著名的教师和一位儿童文学家之间的事。是的，拒绝，并不表示我对你所做的事情不认可，真正的朋友也不会因为拒绝而变得疏远。

有一次研讨会，培训师是我们仰慕的人，为表达我们的仰慕之情，我们决定去拜访。但没想到，那天我们却吃了闭门羹。她把门打开一条缝，说："我正在修改明天的课例，明天晚上聊好吗？"其实，我们去看她，并无要事，只是想见面聊聊天、表达表达敬意而已。第二天，我们聆听了她精彩的课例剖析。现在试想，如果当时她开门接纳了我们，不知趣的我们可能会在她房间闹腾到夜半，她是赶我们走呢还是不赶我们走呢？

儿子，每个人的精力都是有限的，遇到事情时，一定要清楚哪些是应该接受的，哪些是应该拒绝的。其实，当朋友提出建议时，他内心也有两种准备：一种是你接受，一种是你拒绝，无论你怎么决定，都在她的预料之中。所以，遇到事情，一定要分清哪些是重要而紧急的，哪些是重要而不紧急的。在该说"不"的时候说"不"，在该拒绝的时候拒绝，不能因顾及情面不好意思拒绝，也不要因"贪心"而不舍得拒绝。我盼望儿子的未来既有充实的生活，也有闲暇的时间和诸多的趣味。诗意总是和闲暇关联在一起的，"人生要拿趣味做根底"，梁启超先生的这句话，也许能给我们一定的启示。

儿子，让日子慢下来也很有趣，让心情静下来也很好。当然，这只是从精力方面来说。如果涉及价值观的问题，那就更应该慎重了。我们早就谈过底线的问题，该坚持的一定要坚持，该拒绝的一定要拒绝，这是做人做事的底线，与趣味不趣味毫无关系。遇到这些，你要勇敢地、坚决地说"不"！

当然，很多时候，我们还要学会智慧地说"不"。例如，当你面对强权者时，从本能上说，妈妈盼望你能隐忍，那是对自己的一种保护。

但作为一个社会人，我还是要建议你不要因为对方比自己强大，不要因为对方具有话语权就保持沉默。儿子，面对诱惑，要坚定地说"不"；面对强权，要智慧地说"不"。

儿子，这是妈妈此时此刻此景此情特别是一段极度忙乱后的想法。也许你不会认同，也许对于彼时彼地的你来说，追求上进、紧张忙碌是生活的主旋律。不管你是否认同，妈妈只是想告诉你：生活还可以有另一种面孔，那就是"退一步""少一点"。但愿，我的儿子能够理解。

妈妈
2015年11月5日

十年，你能坚持吗？

——写给儿子的悄悄话

亲爱的儿子：

妈妈的新书《上一堂朴素的语文课》出版了，尽管这不是妈妈第一次出书，但妈妈依然激动不已。当带着淡淡墨香的新书摆放在妈妈面前时，妈妈似乎看到梦想一点点开出花来。那一刻，用"欣喜若狂"来形容妈妈的心情似乎一点也不为过。

随着这个喜讯而来的是诸多祝贺和夸奖，但听着别人的夸奖，妈妈还是要强调一点：妈妈是教师而不是作家，对于写作，妈妈仅仅是喜欢，我既不具有写作特长，也不具备写作功底。我的学历低——仅仅是个中等师范学校毕业生；我的起点低——在农村学校工作了四年。在人的成长经历中，初入职的几年可谓是成长黄金期，可那几年，妈妈在工作圈里从来没有听过专业成长。好在妈妈是幸运的，总是遇到温暖的人、温暖的事，遇到提携者。但在幸运之外，我更感谢自己的坚持。是的，感谢自己的坚持，不管周围的环境如何，妈妈始终没有忘记自己的初衷，在教育写作这条路上，妈妈坚持了十年，甚至比十年还要长。儿子，抚摸着新出版的书，我忽然想问你：如果你对某一个领域感兴趣，你能坚持十年吗？你有坚持十年的勇气和决心吗？

十年，你能坚持吗？

美国有一本畅销书《一万小时天才理论》。书中这样说："所有的世界级专家（从作曲家、外科医生到足球运动员）都需要经历10000小时（一般超过10年）的刻苦练习。"这就是"10000小时法则"，10000小时法则的关键在于："没有例外之人。没有人仅用3000小时就能达到世界级水准；7500小时也不行；一定要10000小时——10年，每天3小时——无论你是谁。"2002年6月22日，朱永新教授在"教育在线"论坛发布了《"朱永新成功保险公司"开业启事》的帖子，帖子写道：参保对象不限，但尤其欢迎教育界人士；保期十年；投保条件是投保者必须每日三省自身，写千字文一篇；十年后持3650篇千字文来本公司；理赔办法是如投保者十年内未能跻身成功者之列，本公司愿以一赔百。这则"启事"中，朱永新教授提出了"每日三省自身，写千字文一篇；十年后持3650篇千字文来本公司"的投保条件；如果能坚持十年，他保证你"跻身成功者之列"。儿子，看起来，无论美国还是中国，大家都认为"十年磨一剑"啊！

最初，当朱永新教授发出他的"启事"时，咱们家还没有电脑，妈妈是在2006年得知这则"启事"的。在这之前，妈妈也写写画画，但那多是风花雪月的文字。好在2006年，我知道了朱永新教授的"启事"，慎重思考一番，我决定朝着这个方向行走。更庆幸的是，我不仅朝着这个方向走了，而且还坚持到了现在，算算，这也差不多十年了。

刚开始时，我的工作任务很重：担任着一个班的班主任，两个班的语文课，还负责年级组的工作。有这样大的工作量，我当然是忙碌的、劳累的。但决定了的事情，就要想办法坚持。为了不给自己留退路，我曾在班里对着学生承诺"每日写一篇教育随笔"，并请学生监督，如果哪一天完不成教育随笔的作业，就罚我擦黑板一周。人都是有惰性的，不逼自己一把，你永远不知道自己有多大的潜力。

那段时间，尽管常规的工作任务已经让我忙成了陀螺，每天备好课、批改好作业大多已经21:00。但，当想到如果交不上"作业"就要在全班学生面前擦黑板一周时，我就胆怯了：这可是言而无信的表现啊，我不要做这样的人。于是，不管夜多深，不管自己有多累，我都要完成当天的作业。

慢慢地，我有了敏锐的视觉，养成了书写的习惯，写作成为我的一种不可更改的生活方式和行走习惯，如果哪天没有文字留下来，我会感觉莫名地空虚和烦躁，似乎那个日子白白度过了一样。

2012年，我到了教研室做教研员。我珍惜这个平台，为了更好地提升自己，我在常规的听评课的要求上，又对自己提出了"写课"的要求。对我来说，写课的过程就是记录的过程、梳理的过程，更是思考、总结、归纳、提升的过程。就这样，三年里，我积累了上百个案例，于是，一整理，《上一堂朴素的语文课》的书稿就具备雏形了。

儿子，这就是一本书的诞生过程。最初敲打文章时，我从来没有想过出书。但一天天写下来，一本书自然而然地就诞生了。一本书的出版，不是标志着妈妈已跻身成功者之列，妈妈仍然是一个普通的人，但妈妈是一个有成就感的普通人。同样，妈妈问你"如果你对某一个领域感兴趣，你有坚持十年的耐心吗"，也不是要求你跻身成功者之列，只想让你内心有一种富足而已。妈妈只是强调一点：如果想在某方面做出点成绩，一定要有坚持十年的决心和耐心，一定要坐得住冷板凳，耐得住寂寞。对这点，你能理解吗？

儿子，沉下心来，把目光放得长远一点，因为凡是能成功的，一定是在某一个方面有深厚积淀的。不要太急于所谓的成功，先静下心来专注地做事吧，不为成名成功，只为静静地成长。相信，人生的每一次付出，就像你在对着空谷喊话，不一定有人听到，但那绵长悠远的回音，就是生活对你最好的回报。

不能否认，成功需要幸运的成分，但成功更需要努力和积淀，没有积淀的成功不会是真正的成功。从这个层面上来说，妈妈期盼着长大后的你明确做某一件事的时候，能够坚持下来，坚持十年，坚持二十年，甚至坚持一生，无论中间遇到了什么波折。儿子，你有信心坚持吗？

现在，抚摸着这本新书，妈妈不由得感谢十年前的那个开始，更感谢这十年的坚持，感谢那段为了一个承诺半夜还在摸索写教育日记的岁月，感谢这段貌似可以轻松但依然执着坚持的时光。儿子，对这一切，你都能理解吗？在自己感兴趣的区域里，你能坚持十年吗？

妈妈
2015年11月15日

选择了，就义无反顾地走下去

——写给复读中的儿子

亲爱的儿子：

不知不觉已到11月底，明天又要为2016年的高考报名做准备工作了。时间真快啊，细细算算，复读的时间已经过去了三分之一。

这段时间，妈妈看出了你的压力。最初，我们都把复读看得过于简单，你的整个高中阶段过得都很轻松，我们自然而然地认为复读只不过是把那三年再延长一年而已。你也曾戏谑地说："如果不是考虑妈妈的感受，我会依然过得很轻松。"

但现实就是现实，踏进复读班，我们才感受到高四和高三是不一样的。高三时，前面的一切都是未知，因为未知，你怀着兴奋和好奇往前冲，心里多的是憧憬和希望，班级的气氛也是同样。可现在，因为第一次高考的失利，再加上班级里的沉闷气氛，很明显，你变得小心谨慎起来，心里多的似乎是担心、顾虑和着急。

儿子，面对你的这种状态，妈妈看在眼里，疼在心里。注意，妈妈用的是"疼"，仅仅是"疼"而已。

儿子，真的，妈妈仅仅是"疼"你而已。妈妈跟你不同，对于明年的结果，妈妈似乎没有太多的担心。因为最初做选择时，我们已经进行了认真的分析，我相信儿子有一定优势，再加上我们定的底线学校并不是太高，只要稍微提高些，一切皆能满意。在我眼里，儿子复读一年，等的只是一次机会。所以，当看到你心情沉重时，妈妈多的是心疼。但现在想想，处于复读班的环境中，有压力也是能理解的。最初针对复读一事征求老师的意见时，高三年级主任说了这样一句话："如果鲁涵有了高四一年的经历，以后就没有能再打垮他的事了。"儿子，我们当时都没有清楚这句话的真正内涵，现在才知道，这句话强调的是高四的压力。儿子，尽管知道这些，但妈妈依然要求你"坦然"。

对，坦然。妈妈建议先把结果抛开，认真播种，但不急于收获，甚至不问收获，播种本身即收获，放平心态，就一步一个脚印地往前走，俯下身子做好今天的每一件事，让每一天都能有一天的收获。也许你会说，妈妈站着说话不腰疼。但其实，"腰疼"又能怎样呢？妈妈固执地相信有付出就有收获，妈妈相信有这一年的辛苦努力，明年肯定会有所提升，我坚信！

这一段时间，你确实努力了，但即使这样，你的两次考试成绩仍然不太理想，尽管这两次都有明显的失误，尽管这些失误都不是知识上的缺失，但面对这样的分数，你仍然很困惑。儿子，知道吗？越到临界点，提升就越困难。举两个简单例子吧：2006年，刘翔以12秒88的成绩取得了110米跨栏冠军，打破了沉睡13年之久、由英国名将科林·杰克逊创造的12秒91的世界纪录，这中间，仅仅0.03秒的时间，那么多跨栏健将却用了13年。还有苏炳添，他用3年时间，从"亚洲一流"升级成"世界一流"，个人成绩仅仅提升了0.17秒。儿子，面对已经达到临界点的成绩，一丁点的突破都很艰难。同样，学习成绩也是这样，提升就意味着必须精益求精。面对貌似没有提升的成绩，我建议你一定要沉住气，一定要在细微处下功夫。现在考试不理想就不理想吧，把缺点和不足暴露出来，更便于你及早做出调整。儿子，不要怕，只有这样暴露，才能促使自己跨过这样的坎。

儿子，走到现在，千万不要说后悔。改变能改变的，接受不能改变的，自己选择的路，就要义无反顾地走下去。不管什么事情，做决定前要慎重思考，做决定后就不要后悔。爸爸妈妈支持你复读，支持你为梦想搏一把。对这一年，我是这样定义的：这是为梦想拼搏的一年，这是不给人生留遗憾的一年。不管结果如何，只要年轻时为梦想努力过，一切足矣。

儿子，沉下心、稳住神、俯下身，一点一点地去积淀吧。在这个节骨眼上，我们能做的，就是用心走好每一步。

宝贝，这一切，你认可吗？儿子，我期盼着，接下来的日子，你唯一做的是努力——破釜沉舟的努力——只为不留遗憾而已。

妈妈

2015年11月29日

让自己成为一个有光的人

——写给即将踏入大学校门的儿子

亲爱的儿子：

今天是2016年9月7日，距离中国人民大学2016级新生入学时间只剩两天了。我们也即将启程，一起奔赴那个在梦中已去过无数次、即将盛放你怒放的青春的大学校园。此刻，你正在房间收拾行囊，尽管还有很多其他事要做，但妈妈还想挤点时间说出我对你的期许：大学四年，努力让自己成为一个有光的人。

是的，让自己成为一个有光的人。什么是有光的人呢？简单地说，有光的人就像一盏灯，从他身边走过的人，都能被他照亮，并能带着他的光亮走向新的人群。也就是说，做一个有光的人，不仅能够照亮自己，还能够照亮遇到的他人。

想成为一个有光的人，首先要自己吸纳充足的光亮。光亮在哪里？妈妈固执地认为光亮蓄积在书籍里。中学里，妈妈允许你适度地放松，因为那时你还是个孩子，你有玩耍的时间和权利。但现在，你已经长大了，作为一个大学生，你的首要责任就是拼搏进取，让自己变得日益丰富和强大。儿子，妈妈最骄傲的一件事，就是把你带到阅读这条路上来。自从踏上阅读这条路，你几乎从来没有中断过，即使紧张的高中生活，你也在作业的缝隙间努力坚持着。现在，你即将升入大学，尽管专业学习的压力会扑面而来，但妈妈还要再给你添加压力，那就是要你兑现"大学把'二十四史'读完"的承诺。儿子，坐下来安安静静地读书是一件极其美好的事。我不相信书中有黄金屋和颜如玉，但我相信书中有过去，有未来，也隐藏着一个最好的自己。人可以从书中获得飞翔的翅膀，从现在飞往未来的翅膀，从现实生活飞到另一个广阔世界的翅膀；书籍还可以成为一个索引，一个引领你深度认识世界、认识生活的索引。儿子，我期盼着，期盼你从书籍中获得飞向广阔生活的强有力的翅膀，期盼你能借助书籍这一个索引，深度认识世界认识生活，从而让心灵的箱子和世界的街道相遇，让自己和最好的自己相遇。

要让自己成为有光的人，还要学会宽容。从明天开始，你将完全踏入一个陌生的世界，你将面临陌生的环境、陌生的人群及陌生的思维……可以想象，在这个陌生的环境中，肯定会有性格迥异的人。尽管高中阶段你以"知心大哥"的形象出现在同学面前，但那时你们毕竟还只是在一起学习，而这次，你们的全部生活都将交融、编织在一起，你们将在一起吃喝拉撒睡。面对这些细细碎碎的交融和编织，难免会有一些不愉快的事情发生。当面对不愉快的事情时，妈妈希望你能宽容，妈妈真切地希望你能保留对异己者的宽容。儿子，妈妈相信人的灵魂是有气味的，我们每个人都带着藏在灵魂里的气味在人群中孤独地行走，嗅到了同样气味的人，会默默欢喜；遇到了不喜欢的气味，我们可以适当远离，但没有必要非要对方改变自己。儿子，我们必须承认人性的多元化，当我们不能欣赏别人时，也许别人看着我们也觉得同样不可思议。宽容地对待异己者，也可能是为自己保留了一条退路。

要成为有光的人，还要有听取不同声音的胸怀和勇气。儿子，你一直在爸爸妈妈营造的欣赏氛围中长大。在妈妈眼里，儿子身上的都是优点，即使缺点，那也是人性骨子里的不足和弱点。但生活中并不是所有的人给予你的都是夸奖和鼓励，如果遇到了批评，你一定要有接受批评的胸怀和勇气。儿子，人非圣贤，谁都不会只有光鲜的一面而没有错误，如果有人指出了你的错误或不足，你一定要正视自己的错误并为其付出应该付的代价，不管这样做会给你带来何等的痛苦和难堪。儿子，当大多数人面对你的错误都只是睁只眼闭只眼的时候，那个冒着被你误解而指出你的错误并纠正你的人，也许是更在乎你的人。当别人反对你、批评你的时候，你要仔细想想他为什么要这样做。被人批评是让人难受的，但我们可能从这份痛苦之中得到意想不到的收获。

要成为有光的人，一定不要忘记思考和记录。人的成长体现在体格上，更体现在思想上。倾听外界的各种声响，接纳不同的意见和看法，在各种声音中不忘记自己的思辨，从而形成自己的观点。人拥有了思考和态度，才是真正拥有了自己的心灵世界。另外，写作是深度介入世界的一个重要途径，把思考记录下来，就是记录下来青春中绚烂而又单纯的声音。宝贝，美好的年华，总有无尽细腻美妙的情愫，倾吐在纸上，都是别致的风景，而最终这一切都会定格成人生最珍贵的记忆。

当然，要成为一个有光的人，还要学会克制，克制自己的贪吃和惰性。在克制的同时，加强体育锻炼，至少不能让形体臃肿。儿子，你还曾经给妈妈承诺，大学期间，你要练习十种乐器，初听感觉很吃惊，但其实这不是太大的问题，因为目前你已精通了吉他、葫芦丝、巴乌、电子琴四种乐器。音乐是相通的，妈妈希望你业余时间里，能够做到不忘"旧爱"，又有"新宠"。

儿子，站在大学的门槛上，我写下我的期许：我期许儿子成为一个有光的人。对于这样的期许，我不知儿子是否认同，如果你不认同，我至少希望儿子认真地问自己两个问题：我到底想成为一个什么样的人？我怎样才能成为这样的人？

儿子，今天，你幸运地进入了中国人民大学。蒲公英吹落到哪里都是蒲公英，而一个青春的生命生长在哪里却大不一样。我期盼你在大学毕业时能发自肺腑地说：我庆幸，我在最美的年华来到了人大；我庆幸，我的思考和人大师生的思考发生过激烈的碰撞。儿子，九月的清晨已有些微凉，结籽的庄稼在风中低下谦逊的头，我期盼四年之后，你能像它们一样，在风里摇，在地上长，在阳光下晾晒自己的收获。

儿子，感谢相遇，感谢上苍，在那么多孩子中，偏偏让妈妈遇到了你；感谢上天，在那么多妈妈中，唯独让你遇到了妈妈。儿子，我的人生只有一次生命，我的生命只孕育了一个你，也许我对你的爱是狭隘的，但，我对你的爱绝对是无私的。尽管心里有一万个舍不得，但我今天仍然要缓缓地放手，放手让那个小不点展翅飞翔，让他去完成他来到这个世界上的使命。

儿子，大学四年，把自己修炼成一个有光的人，这是妈妈最大的期许。宝贝，我爱你，竭尽全力而又缓缓放手地去爱！

妈妈

2016年9月7日

让我们追求各自的追求，忙碌各自的忙碌

——致刚刚跨进大学校门的儿子

亲爱的儿子：

我曾无数次想象过别离，我不知道属于我们的别离会是什么样子。我们说好不哭，但那一刻，我还是食言了。

2016年的6月和7月，是用"期盼""忐忑""焦灼""震惊""纠结""煎熬"和"释然"等词语写就的月份。忘不了你上考场前的期盼、上场后的忐忑，忘不了出分前的焦灼、出分时的震惊、挑选学校时的纠结、填报志愿后的期盼……一直到7月20日，当河南省普通高校招生考生服务平台显示"已被本科一批中国人民大学（苏州校区）录取"的字样时，泪，就那么忽地夺眶而出了。你终于以高出一本线113分的成绩被中国人民大学（苏州校区）金融专业录取了，你压线上了这所期盼已久的大学，如愿被你的梦想专业录取。

高考尘埃落定，本以为8月可以天南海北地去"疯狂"，为所欲为地来一次心无旁骛的旅行，但没想到，8月，我竟然忙成了一个陀螺，我竟然忙碌得没有时间说爱你。

8月，我有14天行走在路上。从得知录取结果的第二天，我就开启了外出参训或培训的模式。这和最初预想的天马行空般的旅行有着天大的

十、成长，请带上这些信

区别，因为这次要完成一项时间紧、任务重、角色新、内容全新的培训任务。8月12日晚接到任务，20日就要开讲第一场，在这本来就不多的准备时间中，我又预约出去了两天。时间不多，就只有挤吧！那几天，我大多是凌晨就寝，而凌晨4:00就又坐在了书桌旁。这样也很好，至少那几天深夜的灯光给即将踏进大学大门的你诠释了一个成年人在怎样履行自己的职责。

8月，我没有时间说爱，我的常态是一件事情接着一件事情做，或者两件事情齐头并进地做。但8月，我所有的行动又都在告知你什么是真正的爱——投入地爱工作，全身心地爱生活。

8月，尽管自己一直处于忙碌状态，但我和你都努力在忙碌的过程中见缝插针地陪伴：上班路上，有你在送我；下班路上，有你去接我；即使加班，也有你在陪伴。9月初做一些无关专业的事情，单位领导建议找老师帮忙，可我想到的是你。是啊，拉着你去加班，既延长了陪伴，又完成了工作，该是一件多么有意义的事情啊。你呢，也高兴地答应下来，尽管你戏谑地说妈妈满脑子都是馊主意，总在想方设法压榨劳动力。有了你的时间，即使周末加班也变得轻松快乐。是啊，只要能延长和你在一起的时间，做什么都不再是负担。

8月28日，你的生日，可那天，我却因为工作在早晨4:50就出发了，晚上20:00，打开关闭了一天的手机，看到一封以这样一段文字结尾的信："爸爸妈妈把我从农村带到了小城市，而我努力把我们一家带到大城市。未来的路还很漫长，大学只是一个节点，希望在这个节点上自己能变得越来越优秀，妈妈的工作也越来越成功……我也肯定更加努力，成为你一生的骄傲。"读完这封信，我内心的感动无以言表，那个在我眼里一直是个小屁孩的人啊，已经有了强烈的责任意识。我给你回复：我爱你，定然竭尽全力；我以你为骄傲，自你出生那天起！

随着9月的临近，我越来越清晰地听到了离别渐行渐近的脚步声。第一次强烈地意识到离别是接到你爸爸订票信息的那一刻，那天我在外地，你爸爸把送你的订票信息发给了我。当看到返程只有两张票时，我的第一感觉是他订错了：怎么没有你的返程票呢？当我拿起电话准备提醒他的那一刹那，我忽然意识到：你留在学校不需再跟着回来了啊！明晰了这点，我的鼻子一酸，泪就忽地涌上来了。

也许很多妈妈都要经历这样的心理成长，也许很多妈妈都曾经有矛盾的那一刻：既盼望孩子长大，又拒绝孩子长大。因为小的孩子属于自己，而大的孩子属于社会。那一天，我真切地感受到，那个对着我哭、对着我笑、经常逗我开心、偶尔跟我"斗智斗勇"的小男孩就这样忽然长大了，大得有足够的力量扑扑翅膀展翅翱翔了。聚少离多的航程啊，即将开启！

尽管离别近在眼前，但由于工作忙碌，我只顾得给你准备了被褥，其他所带衣物和报到所需证件等都是你自己准备的。好几个早晨，我一反常态，起床后不急着做早餐，而是安安静静地坐在你床边，看你酣睡时平静的面庞，听你酣睡时均匀的呼吸。那一刻，我的内心充盈的是甜蜜也是离愁别绪。那一刻，我忽然发现，对你来说，世上最好的职业是永远做被我呵护的孩子！

工作的忙碌一直持续到9月6日，那天上午了结了一项工作，下午召集另外几位老师又开启另一项工作。把工作安排妥当，我长长地舒了一口气：终于可以回家心无旁骛地看你收拾行李了。那个时间，距离出发只剩下半天。

9月7日下午14:00出发,你问我带什么书。出门带本书阅读是我家的惯例,但那天我拒绝了。我说,我上车只有一件事,那就是睡觉,我要把8月欠的觉好好补过来。是的,我的8月太累了,我要心无挂碍、酣畅淋漓地睡一觉。果不其然,一上车我就倒头大睡了,我真切地感觉到没心没肺、倒头就睡的状态带来的酣畅。看我醒来,你憨憨地笑着说:妈妈,你还微微打鼾呢。哦,也许睡得太香了吧,但我没有这样解释,而是说:那是因为儿子在我身边我感觉很安全。一句话,把你也逗笑了,你轻轻拥抱住我说:"妈妈,你太累了,好好休息休息吧。"

就这样,一列慢腾腾的火车驮着我们缓缓行驶着,这样也好,速度放慢些,似乎给别离进行一个缓冲。15个小时后,我们站在了中国人民大学苏州校区的门口。

苏州校区是中国人民大学于2012年在江南新建的一个校区,看着这个新生的、美丽的校园,我的内心充满无限的憧憬。我知道,你更在憧憬着,因为这是你心仪的学校和专业。就这样,一张录取通知书成为你开启新生活的钥匙,从此,那个年轻的生命将伸出双臂拥抱崭新的、火热的生活。我也知道,这即将开启的轰轰烈烈的生活也终将裹挟着你,抵达一个对我来说越来越陌生的世界……想到这些,我在高兴之余又有了淡淡的失落。

真正的分离在9月10日到来了。在这之前,我曾无数次想象过别离。我不知道,别离的那一刻,深深迷恋你的我和从未离开过家的你是否会相拥而泣?为了避免伤感,我们提前说好都不哭,但最后的关头,我还是食言了。火车站的安检口前,我在深深拥抱你之后就决绝地转身,拒绝回头,拒绝说再见。那一刻,我忽然明白,原来不回头的背后,是怕对方看到自己泪流满面的脸。

过安检后，我没有按照惯例往前走，而是迅速跑向旁边的玻璃门，隔着玻璃门往外看。当看到你正孤独地慢慢走向公交车站时，我知道从这一刻起，你将从我的目光中慢慢远离，泪水肆无忌惮地滚落下来。你爸爸制止我，说别人会笑话我，我才不管呢，这个世界上，除了儿子，我不在乎其他人的目光。

候车厅里，尽管人满为患，但我的心却空空荡荡，原来，尽管人要走了，但偏偏忘记了把心带走。那一刻，好想把"眼"也留下，好让我关注你的每一天。就这样，人坐在火车上，心却胡思乱想着，给你发短信问你在做什么，没想到，你竟然回复你接到两个社团——吉他社团和艺术团——的邀请，已经在参加"迎新嘉年华"的排练之中了。天哪，你已经以这样的速度投入到崭新的生活之中了。那一刻，我的内心既失落又欣慰。

9月11日，周一。一上班，我就给自己定了一个颇为紧张的任务——周二下午召开工作会议。既然要开会，我就必须做好充足的准备，从请示领导到下发通知，从跑打印室打印材料到跑办公室加盖公章，从准备纸质材料到准备发言内容，一天半的时间，我硬生生地把这些准备了出来。本以为离开你后我会想你，以至于六神无主、手足无措，但那天上午，别说想你了，我连一口水都没有顾得上喝。下班路上给你电话，没想到，你挂断电话发来短信说，你忙着彩排，顾不得聊天说话。

哦，原来，你像我没有顾得上想你一样，也没有顾得上想我。听了这一消息，我在隐隐失落之后，又忽然振作起来了：是啊，这样不很好吗？我们各自忙碌各自的忙碌，各自追求各自的追求，不很好吗？

是的，这样就很好。每个人来到这个世界都带着一定的使命，我除了养育你，还有其他的使命；你除了陪伴我，更有其他不可知的内容。想通这点，心，忽地敞亮起来，似乎心底的阳光一下腾空跳跃了出来。

  周五就是中秋节，尽管不用上班，但我也早早起床了。那一时刻，分别五天的你正独自一人奔赴在南京森林音乐节的路上，你爸爸在床上静静地酣睡，南瓜粥在锅里慢慢沸腾，我站在厨灶前，一边熬粥一边翻阅一本书……是啊，分别的伤感已渐渐平复，美好的假期已经开始，我有足够的耐心和时间等待南瓜粥慢慢溢出香甜。我已决定，你忙你的新生活，我追我的旧追求，我和你爸爸重新回到我未嫁他未娶的岁月去。

  儿子，愿我们都追求不已，让我们追求各自的追求，忙碌各自的忙碌。愿我们都能无愧于岁月，无愧于自己的使命……

妈妈
2016年9月16日

十一、努力成为彼此的骄傲

俗话说："三流的父母做保姆，二流的父母做教练，一流的父母做榜样。"做父母的在决定做父母的那一刻起就要记着问自己：上天交给我一个孩子，我要还给社会一个什么样的栋梁？每个孩子都承载着父母的期盼，背负着父母的梦想。在父母眼里，他们应该竭尽全力朝着父母希望的方向努力，努力成长为父母期盼的模样。但在这一过程中，优秀的父母也绝对不只做观看者和欣赏者。

美国行为主义创始人约翰·华生说："给我一打健康、状态良好的婴儿以及由我支配的养育环境，我保证将他们中的任何人培养成我所选定的某种专家——医生、律师、艺术家、大商人，当然，也可以是乞丐、窃贼，不论其本人的天赋、倾向、能力及其先辈的职业与种族如何。"尽管他的这一说法有些绝对，但，我们谁也不能否认后天生活环境对人的影响之大。在孩子成长的过程中，"父母在做什么"比"要求孩子做什么"更重要，一切家庭教育都是言传身教的结果。

在陪伴儿子成长的过程中，我一直没有因为关注儿子而忘记自己的成长。我在期盼儿子成为自己的骄傲的同时，也在努力成为儿子的骄傲；在期盼儿子的精彩的同时，也在努力活出自己的精彩。

让阅读润泽生命

儿子上小学时，作为教师的我也似乎走到了专业成长的瓶颈期：初入职时的兴奋和热情降低了，工作中的问题和矛盾开始囤积了，学生也似乎变得不那么可爱了，牢骚和抱怨开始频频出现了……其实，出现这种情况，也从一个侧面说明自己的知识储备已不能从容应对当时的工作状态，到了急需提高和突破的时候了。恰巧，那段时间，为了陪伴儿子阅读，我家制定了"家庭读书时"和"家庭读书日"，这似乎也是为我量身定做的突破瓶颈期的途径。那段时间，我投入到阅读中，在书籍中左冲右撞，寻找突破的出口。就这样，一些深浅不一的或理论或实践的书籍走进我的视野，这些书籍给我开启一扇瞭望外面世界的窗，打开一扇通往外面世界的门，成为我突破工作瓶颈的一把钥匙。

在书籍的指引下，我开始思考真正的教育和生命的本质，开始用另一种眼光打量站在我面前的一个又一个学生。当看到同事总是死死盯着学生的分数，因为分数的高或低喜形于色或气急败坏时，我在想：分数是重要的，但分数是最重要的吗？当同事听说学生之间有了早恋现象就如临大敌、严盯死守时，我又在想：早恋真的是洪水猛兽吗？早恋的发生有没有值得庆幸的地方？当看到有学生因追求异性朋友不成功而自杀时，我又在思考：我们向来教给孩子的是"坚持就是胜利"，但当面对矛盾和冲突时，貌似退步和软弱的妥协是否也是一种强大的力量和对自己有力的保护？……

阅读，不仅改变了我对教育的看法，更促使我改变了工作实践。读了李镇西的《心灵写诗》，我顶着压力，带领学生开展"小脚丫走濮阳"活动，一坚持就是多年。读了魏书生的《班主任工作漫谈》，我开始在教学中实施"五个一"；读了毕淑敏的《我的成长我做主》，我开展起"盲人和哑人""我用身体摆字母"等多项体验活动……除了学习模仿外，我又根据班级情况大胆创新，组建"班级智囊团"，策划了一场又一场精彩的活动，带着学生"走出校门，走进自然""走出校门，走进生活""走出课本，走进书籍"……

在一系列的学习和实践下，我突破了束缚自己的茧，享受到了教育的快乐，也成为学生喜欢的老师：大街上，孩子们看到我，有的会送来一个紧紧的拥抱，有的会恶作剧地悄悄蒙上我的眼睛；手机里，经常收到孩子的秘密或烦恼；中秋节晚上，孩子们会齐拥我家，共赏天上那轮圆月；年终岁末，大学毕业的学生会带着异性朋友来看我……

不得不说，这一切貌似跟阅读无关，但实则都跟阅读有关。我的生活，因阅读而润泽！

让生命因写作而丰盈

以前，我从未奢求过发表文章，但2004年的某一天，我贴在论坛上的一首小诗竟然变成了铅字。那一刻，抚摸着发表的文字，我的心有了飞的冲动。

2005年，我不知道熬了多长的夜，写了多少篇文章，投了多少篇稿子；我只知道，那一年，我发表了36篇散文、诗歌。看着一篇篇变成铅字的文字，我明白，我的点滴思考也是生命的独奏，写出来，就有可能听到回声。就这样，在阅读之外，我又踏上了一条用文字记录生活、梳理情感的路。每当夜晚来临，我都要坐在电脑前，敲打一天的收获。儿子的成长日记，工作中的实践心得，心灵上的点滴感悟，都在笔下灿烂成了花。2007年，我写下11万字；2008年，我写下13万字；2009年，我写下15万字；2010年，我写下24万字；2011年、2012年、2013年、2014年，我都写下了25万字……

集腋成裘，聚沙成塔，一天一天走下去，生活终会给予你应得的反馈。截至现在，我已有200余篇文章发表；教育随笔集《与学生一起幸福成长》、散文集《陪您走过最后的日子》、语文教学专著《上一堂朴素的语文课》先后于2011年、2014年、2015年正式出版。我也先后获得一系列的荣誉称号，受邀外出讲座百余场……

从物质的角度看，这些算不了什么，但这一切却给儿子"堆积"出一个与大多数妈妈不一样的妈妈：一个别样而前卫的妈妈，一个生活丰富多姿多彩的妈妈，一个有追求有诗意的妈妈，一个和他有共同语言能够理解他的妈妈……

阅读和写作让我突破了工作上的瓶颈，改变了我打量生活的目光，对生活赐予我的一切，我不再抱怨，不再牢骚满腹。周末，同样是在厨房做烟火女人，以前的我觉得这是责任也是负担，但现在才发现，带着一颗细腻的心感受生活，厨房也是播撒快乐的园地，我会变着花样做出土豆饼、香蕉饼、南瓜饼，煲出银耳莲子红枣粥、百合水果粥……在这一饼一粥中，我感受到烟火生活带来的沉醉，感受到了快乐。四十岁生日，我突发奇想，硬拉着先生去玩具店，买来大大小小9件毛绒玩具……很多时候，人生的乐趣就来源于那些看似无关紧要的事情：一盆初绽的花，一盏新沏的茶，一堆异想天开不着边际的废话，还有那些对成年人来说似乎一点用处也没有的玩具和布娃娃……

回头张望，这几年我一直没有停下自身成长的脚步。几年下来，我不再是那个空虚、落寞、无聊的我，不再是那个絮絮叨叨、满腹怨言、用喧哗和争吵来证明自己存在的我。阅读，让我变得随和而理性；写作，让我变得宁静而柔和。文字凭着它神奇而韧性的力量，牵着我慢慢往前走，以至于抵达了一个我连想都没有想过的地方。时间，还是那些时间，默默地流淌着，但，我的日子却日渐鲜活。

以与你相匹配的速度成长

对于我的成长，最直接的感受者是儿子，他在我身边，看着我阅读，看着我写作，当然也看到了我的小资和笨拙……有一天，当我又收拾行囊准备外出讲课时，儿子忽然问我："妈妈，像你这样经常在外面讲课的人有多少？"顿一顿，他又问："妈妈，你这两年计划出几本书？"听他这样问，我很好奇，抬头看他，遇到的是他眼里别样柔和的光。看着眼前的大男孩，我有一个强烈的感觉：他在以我为骄傲。

是的，儿子在以我为骄傲，这一切，和地位无关，和物质无关，他看到的，是一个一直在努力，一直在成长，一直力争让自己变得精彩、让生活变得精彩的妈妈。

原来，孩子的内心深处也在期盼着家长的精彩，慢慢长大的孩子更期盼父母能成为他的骄傲。是的，每个生命都有自己的价值，每个生命都不应把自己的生命依附于别的生命之上。成为学习者，努力活出属于自己的精彩，与孩子共成长应该是为人父母的不二"通行证"。

十一、努力成为彼此的骄傲

那天,我告诉儿子,尽管自己发表了一些文章,出版了几本书,有多次外出讲课的经历,但我仍然只是一位普通教师。不管明天怎样,我现在一直还在努力,朝着既定的方向,不为别的,只为自己有属于自己的精彩,只为自己遇到更好的自己。

同样,爱人也是我和孩子的骄傲。最初,当我们决定在家营造读书氛围时,他积极响应,尽量推掉外面的应酬,力争参加读书活动,这对一个男人来说着实难得。对外人,他心地和善,从来不以任何恶意揣度别人。对于我的专业成长,他非常支持,外出上课,他能接送我一定会开车接送我;购买书籍,我只负责提供书目……在外人眼里,这样的男人多了柔性,少了魄力,但我更相信电影《叶问》中的那句台词:"世界上没有怕老婆的男人,只有尊重老婆的男人。"在我眼里,这是个默默无言但永远心存善意和温暖的男人。每当夜深人静的时候,听着他平静而均匀的呼吸,我都忍不住想:能嫁给这样一个平和大度的人,是我几辈子修来的福?

这样的他,当然也是儿子的骄傲。是的,为什么家长想不努力就成为孩子的骄傲呢?为什么家长就不努力奔跑以至于遇到最好的自己呢?为了做好孩子的榜样,为了成为孩子的骄傲,做父母的,也要以和孩子相匹配的速度成长。

现在,来看看儿子眼中的我吧!

我的老妈

——为老妈生日而作

一说起中年妇女，大家脑海里一定会想到这样几个词：唠叨、多事、捕风捉影、家长里短。而我的老妈则与这些形容词毫不相关。

老妈今年芳龄39岁，虽然已经人到中年，但她丝毫没有中年妇女的特征。老妈个子不高，已经被我超过，穿上高跟鞋、戴上帽子才刚刚和我平起平坐，为家里最矮的成员。她留着学生头，让人感觉十分可爱，据妈妈说，这个发型她已经使用了二十多年，要申请最长使用者身份呢。虽然老妈天天吵着要减肥，还把QQ个性签名改成了"减肥，从明天开始"（一直是明天，所以根本没有减肥），但我觉着老妈一点也不胖，只不过丰满些罢了。

老妈虽然已经不再年轻，但是她还是像小女生一样，经常对着我和老爸撒娇。最有意思的是，她给家里的每一位成员都起了昵称。我光荣地被授予了"鲁小坏"的称号，而老爸则是"鲁大坏"。那次，当听到老妈给我们起的昵称是"大坏""小坏"时，我和老爸理所当然地认为"超坏"的称呼非她莫属，但没想到，她给自己起的昵称则是"韩可爱"。听了这个昵称，我和老爸狂晕在沙发上。之后，老妈就基本没有叫过我的名字，总是"小坏、小坏"地叫我。听着这个名字，我感觉很幸福，因为这是独属于我的财富。

在家里的时候，妈妈大多数时间是趴在那台只要她清醒着就一定是打开着的电脑前，任凭手指飞舞。想喝水的时候，她就会大喊一句："我要喝水。"老爸听到了，便飞快地拿起水杯，冲向水壶，倒一杯水，然后送过去，嘴里还说着："可爱，水来了。"而老妈则是一脸幸福的表情，然后接过来说："谢谢大坏。"然后就会听见"啵"的一声。我回头一看（此处省

十一、努力成为彼此的骄傲

略58个字）。

　　老妈虽然在平常的生活中非常调皮，像小女生一样，但是当有什么事情的时候她还是非常细心的。每当老爸喝多酒回到家，老妈总是细心地照顾他，给他晾好水催他喝，如果醉得实在厉害，老妈就叫上我，我们两个人扶起他喂他水，之后才让他睡觉。即使睡了觉，老妈也会不放心，一晚上要给爸爸倒好几次水。前段时间，我的脸上起了很多小痘痘，老妈就给我买来祛痘洗面奶，天天晚上给我洗面按摩，那手法，还真让我舒服。但是，任何事物都有两面性，人也是不例外的。别看老妈平常这么细心，但是她也有粗心的时候。那天上午，我去上学，老爸也去上班，家里只有老妈一人。往常都是老妈蒸上大米饭，准备好菜，老爸回到家后炒菜。但那天当我去盛米饭时，一摸锅盖，奇怪，今天的锅盖怎么不烫手？掀开锅盖一看，大米仍然安静地泡在水中。当时我立刻石化。当我激动地向仍然稳稳坐在电脑前写文章的老妈汇报这个"好消息"时，老妈的表情很纠结，想笑，又笑不出来，让人看着就想笑。其他的诸如停电不能做饭时，她竟然高高兴兴地趁着这个机会去看书了；穿着睡袍下楼晒被褥竟然没带钥匙，她就傻傻地在楼道里站了整整一上午……说出来都会让你笑得肚子疼。

　　老妈在家里"犯傻"可爱，在工作岗位上却能与学生打成一片。有一次，由于早晨太匆忙，老妈没有来得及吃饭就上班了。到学校不久，肚子便唱起了空城计，你猜怎么着？她竟然教唆未成年人"犯罪"，因为学校不允许学生买东西吃，但老妈就是给了正在上体育课的学生20元钱，并且很有"计谋"地说："在操场跑了一节课，肯定很累了，我给你们钱，你们去小卖部买些东西，我们一起吃，不过不要让学校领导抓到。"听老妈这样说，那两个学生非常惊讶，待了一阵子才醒悟过来，连忙高兴地去了。不一会儿，两个学生满载而归。老妈呢，也丝毫不顾及平时的"师道尊严"，甩开腮帮子和学生吃了起来。除了这些，妈妈还经常带学生出去搞各种活动，尽管浪费了本该休息的周末，但老妈依然很快乐。

每到节假日，老妈的很多学生都会来看她。和他们在一起，老妈不像他们的老师，反而像他们的姐姐。他们一起聊天，一起说笑。读大学的学生，老妈和他们聊大学的生活；大学毕业的学生，老妈和他们聊工作、恋爱的事情。妈妈和那些学生聊天时，外人根本感觉不到他们是师生，反而像多年未见的老朋友一样。

说实话，我还真想有个这样的老师，不过由于她是我老妈，所以还是不要好点。

说了这么多老妈的优点，下面就要盘点一下老妈的缺点了。老妈这个人最大的缺点就是爱发急，并且一发急就蛮不讲理，不管三七二十一，就是一阵狂风暴雨。有一次，老妈的笔记本电脑上不去网，让我和老爸去修理，我和老爸摆弄了一会儿，没有整好。这时，老妈终于施展她的必杀技，势如暴雨。她先说是我们把她电脑整坏的，然后又说："我买个电脑上不去网干什么啊？还不如扔了呢。"吓得我赶紧把电脑搬走了，怕她一不小心真的隔着窗户给扔了。

老妈还有一个缺点就是——笨。这与她第一个缺点碰到一块儿，简直就是火星撞地球，氧气碰火花，碰到了，后果不堪设想。可是，我老妈就是这么厉害，把这两个缺点完美地融合到了一起。老妈不太会做饭，家里一般都是老爸主厨，如果老爸不在家，餐桌上总会一成不变地摆着一盘西红柿炒鸡蛋。有段时间老爸外出半个月，几天后，我实在忍无可忍，于是给老妈提出三个要求：第一，午饭至少要两个菜；第二，每周做西红柿炒鸡蛋不

十一、努力成为彼此的骄傲

能多于两次；第三，晚饭别只喝奶。看我提的要求，你应该能想到我不提要求时的状况吧。当时老妈也答应了，看起来，老妈还是很有勇气的。老妈尽管笨一点，但她很有创造力，非常善于尝试，并且尝试时还很大胆，她尝试着做土豆饼、香蕉饼、萝卜饼、芹菜饼就不说了，有段时间，家里基本没有喝过白粥，无论什么食材她都创造性地往锅里放，什么枸杞、红枣、桂圆、山药等，结果害得我起了一脸痘痘。直到看到我满脸的痘痘，老妈才恍然大悟地收敛了些。你别觉得老妈一天天坐在电脑前，一写就是一篇锦心绣口的文章，其实，她是个彻头彻尾的电脑盲。对她来说，电脑似乎只是一张可供任意写字的白纸，其他的，她可什么都不懂了。每次电脑出问题，她只会喊"小坏"，仿佛"小坏"这个口令是解决所有问题的魔咒。我呢，听到便过去帮忙，整好了还行，能够全身而退，如果整不好，那么就会……（此处省略N个字），反正结果是很悲惨的。

这就是我的老妈，虽然她爱发急、笨。但是，我仍然为她骄傲，我仍然为我有这样的一个妈妈而骄傲。

老妈，今天是你的生日，我祝愿你……（此处省略3000个字）

十二、高中，你这样度过

儿子的小学和初中生活可以用"丰富""有趣"两个词语概括，但高中的学习任务明显繁重起来。在很多人的记忆里，高中生活似乎是和煎熬连在一起的。儿子的高中生活是怎么度过的呢？在他的高中阶段，我给他留下了这样一些记录。

给爱一个正确的"出口"

——第一次家长会上的发言

尊敬的老师、亲爱的家长朋友们：

大家好！

提到"爱"，大家都不陌生。高尔基说："爱孩子，是连母鸡都会做的事情。"但我们对孩子的爱，可不能仅源于本能，而要源于科学，只有爱得科学，才是一个称职的家长。今天，我从四个方面谈谈怎样让爱更科学。

第一，在思想意识方面，要关注孩子的成长，而不只关注孩子的成绩。

十二、高中，你这样度过

听到这句话，大家可能会想：在当今的教育形式下，我们能不关注孩子的成绩吗？我承认成绩很重要，特别是对于高中孩子来说。但是，我想反问一句：孩子的成绩和我们的关注成正比吗？我们关注孩子的成绩，成绩就会提高吗？很多时候，现实并不是这样的，太多的关注给孩子带来的也许是压力，太功利性的关注还可能会引起孩子的逆反。从这一点来说，作为家长，我们要关注孩子的成绩，但绝对不能只关注孩子的成绩。我们看到的应是一个立体的人，而不是一个单薄的分数。

前几天期中考试过后，儿子上午回到家兴高采烈，一进门便是报喜声，因为他的英语成绩很理想，但下午回到家，竟然垂头丧气，因为语文仅考了98分。看到和上午判若两人的儿子，我拥抱住儿子对他说："不管你考出什么样的分数，妈妈都爱你，在分数和你面前，妈妈爱的是你，而不是分数。"

是的，我爱的是孩子而不是他的成绩。曾听过这样一个故事：一个孩子考了70分，老师把家长请来，说孩子有潜力考到80分，让家长对孩子要求再严格一些，目标定得再高一些。殊不知家长却说："70分我已经很满足了，按照我的想法，他能考到60分我都已经很满意了。"老师很诧异，忙问为什么，家长解释：在他读书的时候，那些只知道学习的同伴后来连一点创造力都没有，他不想让分数吞噬了孩子的创造力。武汉大学老校长刘道玉也曾表达这样的观点："对学生学习课本知识能力的过度开发，必然会抑制他们在其他方面的能力发展，保持名列前茅要用掉孩子太多的精力。"南方科技大学创校校长朱清时解释说："原生态的学生一般考试能得七八十分，要想得100分要下好几倍的努力，训练得非常熟练才能不出小错。要争这100分，就需要浪费很多时间和资源,相当于土地要施10遍化肥,最后学生的创造力都被磨灭了。"

我们应该思考学习成绩和未来发展之间的关系,对于一个成长中的孩子来说,学习成绩只是成长的副产品,做父母的首要关注的是孩子的成长。有天午休过了头,他一边着急着穿鞋一边说:"妈妈,今天肯定要迟到,要是老班打电话,你不要吃惊啊。"听儿子这样交代,我爽快地回答:"你放心,我会给老师解释,你路上千万要慢点啊,在这个世界上,迟到并不是最可怕的事情!"

是的,迟到并不是最可怕的事情,为了避免迟到在马路上飞奔才是最可怕的事情。这段时间,我多次给儿子强调:"妈妈希望多年以后,你的高中记忆里不只有教科书、教辅书、练习册和成绩单,而是更为丰富多彩的内容。"前几天,他说他们准备在体育课上踢足球,听到这个消息,我帮他找出足球鞋。我用实际行动告诉孩子:高中时光是为了更好更健康地成长,妈妈支持他参加丰富多彩的活动。如果一个男孩子的生命里没有体育,他的生命会完整吗?健全生命的首要特质是热爱他所能热爱的一切。让我们记住爱因斯坦说的那句话吧:"如果你根据能不能爬树来判断一条鱼的能力,那你一生都会认为它是愚蠢的。"

第二,从态度方面,要做孩子的朋友,不要做孩子身边的警察。

生命的成长有其隐蔽的规律,它是独自建构的。正是这种独自建构,才使得每一个生命体都探到了生命的底色,发出了异样的光彩。在孩子成长的路上,每个父母都要尊重孩子,努力做孩子的朋友,而不是做孩子身边的警察。

为了更好地做儿子的朋友,我通过写成长日记的方式和他沟通交流。初中三年,围绕他的成长,我为他写下了四万多字的日记。孩子的成长不

十二、高中，你这样度过

可复制，孩子的背影会愈来愈远，记下这些故事，就似乎留下了孩子的童年。西方有句哲言："纸比人有耐心。"我们和孩子口头交流的内容，会随着时光的变迁而流逝，而写成文字，他就可以反复阅读，反复思考。在升入高中的第一封信中，我告诉他有些底线不能触碰，提醒他要妥善处理好各种关系：玩和学的关系，帮助别人和提高自己的关系，班级管理和知识学习的关系，等等。提醒他要科学合理地安排高中学习生活，玩的时候，要痛快、投入，忘记所有学习任务；学的时候，一定要认认真真踏踏实实地学习。相信，这些写在纸上的提醒应该能进入孩子的思想意识中。

第三，在方法方面，要做孩子的引领者，不做孩子的决策者。

高中，是人生中又一个关键的三年，这段光阴可能会决定孩子今后人生的起点。这个阶段的孩子，虽然个头已经长高，但他毕竟还是一个成长中的人，他的世界观和价值观还没有完全成熟。作为父母，我们一定要起到引领作用，既不要缺位，也不能越位。

儿子上高中后，我给他提出三方面的要求：学习方面，不要只依靠自身的聪明，不要满足于浅尝辄止，要珍惜课堂40分钟，向知识的纵深处探索；慎重交友，在合适的时间做合适的事情；任何时候，底线都不要触碰。第一个方面，引领他思考学习方法；第二个方面，引领他思考如何跟人交往；第三个方面，引领他思考人生的底线，让他知道，有些错误是不能犯的。

做父母的，在引领方面一定要有所为，但父母起的是引领作用而不是决策作用。刚开学时竞选班干部，儿子问我的看法，我支持他参与，但我绝对不逼迫他参与。前几天，儿子说学校不准备组织元旦联欢会，问我有什么建议，我建议他给老师提出自己的看法，但绝不逼迫他去提要求。父母要做的，就是建议，而具体怎么办，让孩子自己做决定。

给孩子时间，给孩子空间，给孩子思考的余地，让孩子做自己，让孩子为自己的成长负责。我们陪伴孩子成长，引领孩子成长，欣赏孩子成长，聆听他成长过程中的拔节声……这些，已经足够了。

第四，生活方面，科学合理地安排饮食起居。

高中生的用脑量极大，饮食起居方面一定要科学合理安排。研究表明，脑细胞燃烧的是氧气与葡萄糖，大脑中处理的事务越艰难，氧气和葡萄糖就消耗得越多，因此，要使大脑发挥出最佳功能，就必须拥有足够的这些物质。水果是葡萄糖的最佳来源，学生应该每天吃50克的水果，葡萄干更为方便。水对脑活动的顺利进行同样重要，水可以将信号输送到全脑各处，可以使葡萄糖快速融入血液中，浸润大脑，缺水会降低信号传递的速度与效率，所以，要建议孩子多喝水，少喝饮料。除合理饮食外，还要鼓励孩子参加适当的活动，让孩子在各种活动中释放情绪，缓解压力，调整心态。

亲爱的家长朋友，教育是学校的事情，但教育的根在家庭；教育需要爱，但爱的给予也需要智慧。从今天开始，就让我们努力做一名智慧的父母，陪着孩子一起成长吧。

文理科的选择

高二，要分文理科了。最初看儿子那么喜欢阅读历史书籍，我理所当然地认为他会选择文科。从主观上来说，我支持他选择文科，并期盼他能够报考师范院校。在我眼里，儿子读了那么多书，如果成为一名教师，他言谈的内容，定能影响很多孩子。但没想到，他喜欢历史却不喜欢历史课，不喜欢高中历史学科的学习方式和考试方式，所以，尽管他是一个历史迷，但他仍然拒绝选择文科。

最初我以为他的选择是很轻松的，但后来才知道，当儿子填报理科后，年级主任曾找他谈话。年级主任根据他的情况做了一些分析和预言，建议他选报文科，这些分析曾让他一度纠结。最初，他固执地、逆反地就不报文科，任凭你把嘴皮磨破。但听了主任的一番话后，他还是犹豫了，他说："妈妈，你知道吗？那节课我什么都没学，我在想：'不行，我要好好想想，这可是关系我一辈子的大事，费一节课也值，我一定要好好考虑。'"

最后，他给了我这样的答案："想了好长时间，我还是决定选择理科，因为我怕现在的应考方式，伤害了我对历史的感情，扭曲了我对历史的理解。"

听儿子这样说，我才知道，原来在这一过程中，他还有过这样的纠结和思考。我为儿子点赞，人生由大大小小的选择组成，人就是在大大小小的取舍中长大的。未来的路要自己走，别人的建议可以听取，但决定还是自己来做，只要考虑清楚了，那就按照自己的选择走下去。

责任感就这样培养

为培养儿子的责任意识，我们家很早前就有了分工，儿子的任务是午餐后洗刷碗筷和晚上临睡前反锁家门。第一个任务是要告诉他：在家庭中，每个人都有劳动的义务，要做些力所能及的事情；第二个任务是想让他知道，男子汉就要负有保护家人安全的责任。对于这两项任务，儿子做得很好，且能一直坚持。

那段时间，我两次出远门时都恰巧有一位男士结伴而行。第一次外出时，和我结伴的男士一见我就主动接过我的箱子，一路上尽可能地帮助我；第二次外出时，另一位男士一路上对我的箱子置之不理，任我上下台阶拖来拖去。回到家，我给儿子陈述这两位男士的做法，并询问如果他外出，他会像谁一样。当然，有这样的比较和较为郑重的提问，他当然选择要像第一位男士那样。我趁机告诉他，跟女士或其他比自己弱小的人在一起，一定要给予适当的帮助。

有一天，天气晴好，我把被子抱到楼下晾晒，收被子时，叫上儿子一起去。本以为一人一半，但他却主动抱起所有的被子，只给我留下几条床单。我一边夸奖他，一边告诉他：作为一个男人，要在能照顾女人的时候就照顾女人，不仅因为我是你老妈。

周末，外出逛街，那一大一小两个男人都推出了自行车等着我，我一时犯了难，反问道："我坐谁的车呢？"儿子说："坐我的吧，我能替爸爸分担点负担就分担点吧！"到花卉市场买鲜花，尽管很沉，尽管儿子因为篮球赛刚结束胳膊很疼，但他仍然坚持自己搬。尽管有点心疼，但我也没谦让。男子汉，就该这样！

责任感，就这样一点点培养。

高二暑假，他这样度过

高二暑假放假前，家长群里开始商量暑期辅导班的事。尽管我一向反对补课，但毕竟马上要高三，我也犹豫起来了。征求儿子的意见，他说他不参加辅导班，因为他们四位同学已组成学习小组，自己学习就好。我很疑惑，他们自己怎么学习呢？他这样给我解释：他们四位在数学、物理、化学和生物方面各有自己突出的学科，他们准备白天去图书馆学习，学习过程中先自己学习，最后拿出一个小时时间，再集体研讨前面学习过程中的疑问。某学科的疑问，就由擅长某学科的同学负责解答……听他这样讲，我很赞同。同伴给同伴讲解，可能比老师讲解更有效。更重要的，在这一过程中，你既是被帮助者，还随时要帮助别人，被帮助的时候有提高，而在帮助别人的时候，可能会有更大的提高，因为从"懂得"到"讲出"，从"讲出"到"讲好"，这中间还是有一定梯度的。这种学习形式，既能避免学习枯燥单调，还具有一定的挑战性。

但我还是有点担心，担心他们管不住自己，会凑在一起说闲话或者玩闹。儿子解释说："妈妈，你觉得我们还是三岁的小孩啊？即使去参加老师的辅导班，如果不想学不也照样可以在那儿混日子啊！"有这个解释，我放心了许多。就这样，他开始了假期的学习生活。

在我的意识里，假期应该有更为丰富的生活内容，至少应该有个说走就走的旅行，所以，我建议儿子前半个假期用来学习，后半个假期独自外出一趟，不要家人陪伴，自己想去哪里就去哪里，给世界留一个独自行走的青春身影。最初提这个建议时，他很感兴趣，思考一番，他说要么去上海，要么去张北草原。去上海是为了看高校，去张北草原是要看张北草原摇滚音乐节。不管去哪里，他都要独自坐飞机，独自查路线，独自定行程、订宾馆。

假期前半部分，我在憧憬中度过，我甚至在猜测他回来后会用什么样的眼神和表情和我说话，我在猜测这次活动中他可能会遇到什么困难或者会有什么解决这些困难的方法……

最初，他计划8月15日前完成学习计划，然后开始独自一人的旅行。但没想到，8月15日到了，他竟然变卦了。问他原因，他说复习任务没完成，还说别人都在认真复习，还说距离高考只剩下几个月，分到每个学科只有一个半月的时间。

这竟然是一个孩子主动说出的话。那一刻，我忽然很难过、很沮丧，我不得不面对一个现实：可怜的孩子，已经被高考所裹挟。

我心疼孩子，当然力争再劝他，说时间还长呢，不差这几天，但他仍然固执着自己的固执，还很不可思议地说："妈妈，其他同学是自己想外出游玩而妈妈不让，而咱家却相反，我不想出去而你却逼着我出去。"这话一出，我无语了。

儿子，让你出去行走，是因为妈妈认为假期就应该有更丰富的生活内容，外面的世界很辽阔，年轻人应该多去看看。但他摇头否决了，他说，以后有的是时间。

他就这样拒绝了我，并且是冠冕堂皇的。面对这种情况，我也只有接受，只有在以他学习为主的情况下，随时给他创造一点轻松和快乐的氛围了。例如，一家人去个非常讲究的餐厅聚次餐、约昔日好友见个面、练次吉他、踢场足球赛……

高二暑假，他这样度过。

满足，是我最大的法宝

高二下学期，一向贪玩的儿子把重心转移到学习上。尽管杂志仍然不间断地阅读，尽管足球仍然不间断地踢，尽管电视仍然不间断地看，尽管每天23点前都要睡觉，但，提高了课堂效率和学习效率的他学习成绩依然有了进步。这不，高三上学期期中考试，他进步到年级39名，这应该属于质的飞跃了。近段时间，我一直思考儿子进步的原因，当然，

十二、高中，你这样度过

儿子的进步肯定和他的自省自悟有关。但，除了这点，我觉得也和家长的心态有关。在儿子的成长中，我始终保持一种心态：满足。是的，满足，是我和儿子相处的最大的法宝。

中考时，儿子的成绩比录取分数线高2分，这和儿子初中时的状态不太相称。初中班主任曾寄希望他中考冲进全市前列，但最后的结果是刚过分数线，这样的成绩多少令人遗憾。但看到这个分数，我还是满足的。试想，高中只正式录取300名，在5000名考生中能考进前300名，实属不易。按照入学分数，儿子年级的排名在280名左右。高一升高二，儿子进步了，他进步到年级230名。得知成绩的那一刻，我几乎欢呼起来。230名？这应该是很优秀的孩子了吧？那段时间，见到好友我都会急不可耐地炫耀：儿子进步了，230名耶！那神态，似乎儿子和全校第一名没有什么差别。尽管我夸张的神态受到了好友的奚落，但我仍然骄傲地认为：230名的孩子就是很了不起的孩子。

但，更惊喜的消息还在后面，自高二以来，开始发奋的他又取得了陆续的进步：113名、80名、60名、39名……当然，这其中也有起伏和升降的过程。当成绩下降时，我没有焦灼，而是抱着期许的心态：谁没有个小失误呢，起起伏伏、升升降降是正常的，只要儿子健康、阳光、方向正确就好。在日常生活中，我的内心始终有一个声音：成绩是重要的，但成绩绝对不是评价孩子的唯一标准，和儿子丰富多彩的生活和健全的人格比起来，成绩又是不太重要的。也许正因为有这样的心态，我一向都是用欣赏的眼光看儿子，也许就是这种欣赏的目光让儿子自觉地"全面"优秀起来，他在以往丰富多彩的高中生活里自觉地努力学习了。

2014年暑假前，我们曾商定让他单独外出一次：自己定目的地、自己定行程、自己订车票、自己订宾馆、自己出发、自己返程，爸爸妈妈甚至连去车站送也不送……总之，一切都是他自己来。刚开始策划时，他很兴奋，因为这是个很有诱惑、很有挑战性的行程，他踌躇满志地把行程预定在8月中旬。但8月中旬到了，他又不去了，他说他原计划的学习任务没有完成。对此，我非常不理解，总觉得距离高考还有一年的时间，舍弃旅游是个极大的损失，为此，我曾再三"逼迫"他外出游玩。但儿子再三解释假期里他看到别人是怎么用功的；他觉得高一太松懈了，现在必须把高一浪费的时间弥补过来；他甚至说，如果把时间分配在每个学科上的话，一个学科也就那么两个月的时间……看他这样要求自己，我只有同意了，但还是忍不住说，只要能考个"一本"就行。但你猜他怎么说，他说："妈妈，考学是我的事情，我的理想学校是……"噢，当那个小毛孩把考学当成他的事情的时候，也许，做家长的就可以放心许多了吧。

儿子的高中学习状态，我们颇为满意。一是因为儿子的生活非常丰富，踢球、看球、阅读照常进行；二是他和爸爸妈妈之间的关系也很融洽，我们很享受和彼此在一起的每一天。儿子呢，也多了诸多理性，哪些是必须做的，哪些是可以做也可以不做的，他心里一清二楚。我最欣赏他的主动性和规划性，例如，某本书即将学完时，他会提前在网上购买来下一步复习要用的相关资料，书刚学完，购买的配套学习资料也到了；他有一个小本，上面记录每天必须做的事情。除了这些，他还会适当地总结和归纳，他知道适合自己的学习方法和不适合自己的学习方法。

高三上学期期中考试成绩出来了，他又有进步了。儿子在保证较为丰富多彩的生活的前提下，保证在阳光灿烂、对生活充满热爱的心态的条件下，能在成绩上再取得一点进步，我当然高兴了。看着我兴高采烈的样子，先生忽然问我："你怎么就不觉得儿子再进步些更好呢？"我一愣，我当然知道儿子能再有些进步更好，但我知道，人不可贪多，满足现况就好。想想，在儿子成长过程中，我不一直抱着一种满足的心态吗？

是的，满足现况就好，接受现况就好，有一个健康阳光的儿子，有一个对生活充满热爱的儿子，有一个多才多艺的儿子，我真的已经很满足了，如果他又有了点滴进步，我当然更满足了。在每个妈妈的眼里，自己的孩子都是最优秀的，我也不例外。在我眼里，儿子没有缺点，当然，他是有缺点的，例如，他贪吃、贪睡、懒惰且喜欢金钱，但，每当看到儿子对着美食大快朵颐的时候，每当看到儿子在床上肆意酣睡的时候，每当看到儿子的床铺乱七八糟的时候，每当他又耍着小聪明想方设法让给他增加一点零花钱的时候……说真的，看着这些，我没有把它看作缺点，而是认为这是每个肉体凡胎骨子里的本能。有这样的想法，我对儿子的满意度，就可想而知了。我发自内心地感谢上苍，赐予我这样一个儿子。

满足，也许真的是家长和孩子之间最好的黏合剂！

淡化，也许是最好的态度

踏进五月的门槛，儿子距离上考场的日子屈指可数了。

我一向是个粗心的人，只有坐下来计算时间时，我心中才会掠过一丝紧张。在我的意识里，考学是孩子的事情，家长紧张也起不到什么作用。更重要的，自己也是一个独立的个体，也有那么多的事情要做，似乎没有多余的时间用来紧张。基于以上状况，我家没有出现"箭在弦上""剑拔弩张"的紧张。以儿子的话说，妈妈唯一的改变是不和他争抢电视了。以前就餐时，打开电视机，我总是要看两眼韩剧，但儿子关注的永远是体育频道，因此，两人争电视的事情时有发生。但近段时间，我改变了很多。在我看来，看电视本身就是一种很不错的放松、调节方式，于是就理智地退让了一步。

除了不和儿子争电视，其他的似乎并未发生太大改变。饮食方面，无甚改变，总觉得一般饮食就能满足生理需要，没有什么是必须吃的，也没有什么是必须不能吃的。上下学方面，他依然骑着他的自行车辘辘辘辘地飞奔在路上，我们基本没有接送过。晚自习回来简单洗漱一番，也就躺在床上翻会儿书，23点准时睡觉，不需要额外准备加餐，似乎也不需要再额外做什么。我呢，依然在自己的世界里奔波着、忙碌着，4月份，我除了清明节的周末在家，其他三个周末都在路上。掰着手指算算，一个4月，我外出整整12天，这是不是极其不负责任的表现？

这就是我家的生活常态，和高一、高二甚至初中生活基本没有什么差别。在家里，不谈论成绩，不谈论高考，就让一切自然而然按部就班地行走和发生。即使在微信和空间上，我也不再记录和儿子的考试成绩有关的事情。即使自主招生的初审过了关，我也只是在微信上留了一句"这个春天，一切都在淡化，不渲染，不夸张，包括喜悦，包括紧张。"

在临近高考的日子里，我采用的是淡化处理，淡化高考，淡化成绩。是的，不让孩子有压力，做父母的首先要做到自己没有压力。否则，家长的压力会在无形中转化为一种行为，给原本紧张的孩子增添几分焦灼。这样说来，淡化处理何尝不是一种智慧？

后 记

现在，儿子在中国人民大学（苏州校区）金融专业学习。他的大学生活告诉我：适应能力，不仅对小学升初中、初中升高中的孩子重要，对于从高中进入大学的孩子也同样重要。

有人这样描述我们的教育，说我们的高中阶段是在黑暗的隧道里前行，尽管周遭一片黑暗，但远方隧道口的那点微光给孩子指明了前行的方向。但，一出隧道口，当站在白花花的阳光下的时候，当外面的光亮扑面而来的时候，他会因为不适应而不知该往哪个方向走。

这番描述似乎是正确的，我们的身边也不乏升入大学后迷失行走方向的孩子。但好在儿子不是，他很快适应了大学生活，也很快心无旁骛地朝着自己的方向努力。

大学报到当天晚上的联谊会上，儿子和同学合唱了一首歌曲。一首歌唱下来，儿子就被两个社团"看上"了，第二天就接到吉他社和艺术团的邀请，说他已获得免试加入两个社团的资格。后来，儿子加入了两个社团，并参加了学生会的演讲竞选，也有幸成为学生会的一员。总之，刚开学的前两周，他用高中业余生活的积淀敲开了一扇又一扇的门。但时间不长，他就打电话告诉我，说想辞掉学生会的工作，原因是那份工作太琐碎，以至于影响了他的专业学习，在他眼里，专业学习是不容有丝毫的马虎的。对于儿子的决定，我向来是提出正反两方面的建议供他参考，但具体怎么做，还是他自己决定。

离开家的第一个中秋节，儿子独自去南京参加"森林音乐狂欢节"。为了节约花费，他在网上预订了青年旅社，一个床位每天只需30元钱。那天，他下午1点钟进场，回到旅社时已是凌晨。不敢想象，对他来说，这该是一个如何狂欢的下午和狂欢的夜晚。美中不足的是，一场迅猛的雨让我充满了牵挂。晚餐时他给我电话，说即使披着雨披，衣服也已经全部湿透，我建议他早退场回旅馆，避免感冒，但儿子解释，他去的目的就是听压轴乐队（山羊皮乐队）的演唱，这是殿堂级别的乐队，他是带着一颗朝圣的心而去的，怎么舍得离开呢？听了这话，我沉默了。是啊，衣服湿了还会再干，可这个时刻过去了就再也回不来了。衣服湿就湿了吧，青春，就该有为了喜好而不顾一切的付出和举动；人生，有意义和有意思同等重要。

十一假期，儿子回来了。尽管离开家才三个星期，但，对于大一的孩子来说，十一假期还是回来的好，因为孩子的思念需要一个缓冲。假期里，除了互相的陪伴，儿子还提前给爸爸庆了生。他偷偷去烘焙店，花费一下午时间亲手给老爸做了个蛋糕。当看着那个大男孩笨拙而又小心翼翼地一层层涂抹奶油和布丁时，我内心满满的都是柔软和感动。晚餐时，儿子拿出吉他，借助《父亲》的歌词酣畅淋漓地表达心声，当"每次离开总是装作轻松的样子，微笑着说回去吧，转身泪湿眼底……

后 记

时光时光慢些吧，不要再让你变老了……"这些词语从儿子喉咙里滚落出来的时候，三个人的眼眶都湿润了。

十一假期，儿子还客串了一把"复读指导"。10月2日，儿子应"复读君QQ群"的邀请，在该QQ群针对高三第一轮复习做了为时一个半小时的网络培训，并进行了30分钟的在线答疑。活动结束，儿子很兴奋，因为他体会到了一种成就感。

那一天，有家长在家长群里议论微观经济学不好学，孩子反映学得云里雾里的。看到这样的信息，我当然很担心，给儿子微信聊天，询问他该学科的学习情况。我问他："你基本能听懂吧？"他回答："我一直都懂啊！"当我说其他孩子的情况时，儿子这样解释："出现这样的情况有两个原因：一是他们不懂得金融要学什么，所以他们听课不知道怎么听，课下不知该看什么书，也不知有什么书可看；二是他们还在延续高中的学习方式，但，大学老师讲课和高中老师不一样，大学老师给你的是思考，而不是直接的答案，所以，听不懂也就不奇怪了……难肯定难，自己课下多钻研就好。"听了这样的分析，我愈加感觉到高考前了解所报专业的学习内容是一件至关重要的事情。据他所说，除了跟着老师听课，他还在相关网站观看教材作者对该学科的讲解。

有了这番解释，我对他的学习放心多了。是的，金融专业是儿子的梦想专业，他知道他要去哪里，所以他就知道路要怎么走；他知道抵达目的地需要什么，所以他就知道要做什么准备。为儿子庆幸，为他能学习自己喜欢的专业而庆幸，为他知道他想要什么而庆幸。

现在，没有课的晚上，儿子一般在图书馆学习。学习结束回宿舍的路上，他会拨通我的电话聊一番。那一刻，想到"女儿是爸爸的小棉袄"的论调，我就笑了，女儿是爸爸的小棉袄，儿子也可以是妈妈的棉大衣啊！

儿子，未来的路还很长，你的世界会距离我越来越远，我对你的生活会感到越来越陌生，但你要相信，不管走到哪里，你的背后一直都有我关注你的目光。

祝福儿子，我生命中最重要的那个人！

参考文献

[1]玛利亚·蒙台梭利.童年的秘密[M],北京:中国人民大学出版社,2011.

[2]阿尔弗雷德·阿德勒.儿童的人格教育[M],上海:上海人民出版社,2011.

[3]凯文·李曼.追溯童年[M],北京:北京理工大学出版社,2013.

[4]吴蓓.请让我慢慢长大[M],天津:天津教育出版社,2009.

[5]吴蓓.学校是一段旅程[M],北京:中国青年出版社,2015.

[6]龙应台.孩子,你慢慢来[M],北京:生活·读书·新知三联书店,2010.

[7]朱永新.我的阅读观[M],北京:中国人民大学出版社,2012.

[8]张文质.父母改变,孩子改变[M],北京:北京师范大学出版集团,2014.

[9]张文质.回到每一个人的生命化教育[M],江苏:凤凰出版传媒集团,2010.

[10]铁皮鼓.构筑合宜的大脑[M],天津:天津教育出版社,2009.

[11]黑幼龙全家.慢养,给孩子一个好性格[M],北京:中信出版社,2011.

[12]毕淑敏.男生,我大声对你说[M],北京:中国青年出版社,2014.

[13]大卫·苏泽,等.教育与脑神经科学[M],上海:华东师范大学出版社,2014.